딱딱한 심리학

달콤한 심리학이 놓친 마음의 본질

딱딱한 심리학

초판 1쇄 발행 2016년 10월 30일
초판 3쇄 발행 2020년 9월 25일

지은이 | 김민식
펴낸이 | 조미현

편집주간 | 김현림
책임편집 | 류현수
디자인 | 유보람

펴낸곳 | (주)현암사
등록 | 1951년 12월 24일 · 제10-126호
주소 | 04029 서울시 마포구 동교로12안길 35
전화 | 365-5051 · 팩스 | 313-2729
전자우편 | editor@hyeonamsa.com
홈페이지 | www.hyeonamsa.com

ISBN 978-89-323-1822-6 03180

이 도서의 국립중앙도서관 출판예정도서목록(CIP)은 서지정보유통지원시스템(http://seoji.nl.go.kr)과
국가자료종합목록시스템(http://www.nl.go.kr/kolisnet)에서 이용하실 수 있습니다.
(CIP제어번호 CIP2016024286)

딱딱한 심리학

달콤한 심리학이 놓친 마음의 본질

김민식 지음

현암사

○ **차례**

서문

인간의 마음은 코에 걸면 코걸이, 귀에 걸면 귀걸이가 아니다. 마음을 알기 어렵다고 해서 마음과 관련된 잘못된 이야기를 지어내서도 안 된다. 생각을 바꾸면 모든 일이 해결되는 것처럼 포장된 대중 심리 도서와 자기계발 서적들이 이 책을 집필하게 된 하나의 동기로 작용했다. 인지심리학자로서 우리의 마음이 작동하는 원리를 연구하면 할수록 마음이 그리 단순하지는 않다는 것을 깨닫게 된다. 아니, 마음에는 무척 복잡하고 숨겨진 메커니즘과 찾아야 할 원리들이 너무 많다. 마음은 그동안 살아온 그 사람의 경험들과 부모로부터 물려받은 유전적 요인들이 복잡하게 어우러져 작동하기 때문이다.

　오랜 기간 심리학과 가까이 지내면서 이제는 일반인들도 인간의 마음에 대해 기본적인 지식들이 쌓여 있을 거라 기대하곤 하였다. 하지만 놀라운 사실은, 아직도 우리들은 인간의 마음에 대해 과학적으로 생각하는 법을 모른다는 것이다. 그뿐만 아니라, 20년 전의 대학생이나 지금의 대학생이나 인간의 마음에 대한 거의 비슷한 질문과 비슷한 고민들을 갖고 내 연구실을 찾아오고 있다.

그 원인 중에 하나는 인간의 마음에 대한 과학적 지식들이 일반인에게 제대로 전달될 기회가 적었다는 점이다. 많은 고등학생들이 심리학 과목을 공부할 수 있는 서구와는 달리, 우리나라에서 심리학은 아직 소수의 사람만이 공부하는 특수 전공이다. 심리와 관련된 오락 프로그램에서 단편적인 사례에 대해 과학적 근거 없이 심리학자라는 이름을 사용하여 방송의 구미에 맞게 '토크쇼' 수준의 '말장난'을 하다 보니 대중들로 하여금 '심리학'을 좀 더 친숙하게 만드는 데에는 일조를 하였지만, 과학으로서의 심리학에 대한 큰 그림을 못 보게 하는 부작용도 컸음을 인정해야 한다.

조교수로 처음 부임했을 때, 나는 인간의 마음과 관련된 질문을 하는 대학생들을 격려하고, 그 질문에서 시작하여 점점 흥미 있는 질문들을 던지면서 과학으로서의 심리학 연구에 흥미를 갖도록 이야기를 하곤 하였다. 심리학에 대해 관심을 갖고 있는 대학생들을 열정적으로 만나고 기본적인 심리학적 질문에 대해서도 친절하게 답해 주며 미래의 심리학자가 될 그들을 잘 가르치면 나중에 그들이 비슷한 질문을 하는 후배들을 가르칠 것이고, 이러한 일들이 반복되다 보면 내가 나이가 들 즈음에는 기본적인 심리학적 질문들에 대해서 많은 사람들이 이미 알고 있지 않을까 상상했다.

물론 지금도 '질문'을 중요하게 생각하고, 질문을 갖고 찾아오는 학생들을 즐겁게 만나고는 있지만, 지금의 내 모습은 교수가 처음 되었을 때와는 좀 변했다고 고백하는 것이 맞다. 이미 오래전에 연구되고 발표되어 수업 시간이나 연구 미팅에서 자주 언급한 것과 관련해서 다시 이야기하고 토론하는 것이 시들해져 버린 것이다. 흥미 있는 많은 심리 현상들이 내게는 너무나도 친숙해서 새로 배우는 대학생이나 일반인들은 이러한 이야기를 모를 것이라는 것을 알고 있음에도 불구하고 이런 현상을 설명할 때 나는 성의 없이 말하는 사람으로 비춰질 수 있다. 심지어, 십수 년 전부터 수업 시간에도 언급하고, 십년 전쯤에 공중파 방송 프로에도 소개해서 많은 사람들이 알고 있을 것이라 생각했던 현상들마저 아직 대부분의 사람들이 모르고 있다는 것을 발견하고 내 자신이 '전문성의 저주(the curse of expertise)'를 받고 있다는 생각을 했다.

전문성의 저주! 새로운 스마트폰을 구입했을 때를 한번 생각해 보자. 휴대폰을 켜고 끄는 것부터 시작해서, 여러 애플리케이션을 이리저리 탐색도 해 보고, 새로운 애플리케이션을 다운받는 법도 배우게 되고, 약 일주일 정도 되면 많이 익숙해진다. 그때쯤 주변의 누군가가 자신과 같은 스마트폰을 구입해 사용하다가 쩔쩔 매거나 질문을 하면 "이건 이렇고, 저건 저렇고……." 신이 나서 알려 주거나 심지어 물어보지 않은 것까지, 어떤 어플을 다운받으면 좋다는 얘기도 덧붙인다. 하지만 4~5년이 지난 시점에서 누군가가 동일한 스마트폰에 대해 기본적인 질문을 한다고 생각해 보자. 일단, 재미가 없다. 그리고 그 정도는 기본이니까 대충 얘기해 줘도 쉽게 알거라 생각하게 된다. "인터넷 찾아봐라. 거기 다 나온다"고 말하고 싶어진다.

스마트폰을 개발하고 수없이 사용성을 테스트한 스마트폰 전문가와 그 스마트폰을 써 본 지 불과 일주일밖에 안 된 신참 사용자 중에서 누가 그 스마트폰에 익숙해지는 데 얼마나 시간이 필요한지 정확하게 예측할 수 있을까? 정답은 놀랍게도 전문가가 아니라 신참 사용자이다. 일단 전문가가 되면 초심자 입장에서 생각하는 것이 어려워지고 그 분야의 경험 없는 사람들의 수행을 제대로 예측하지 못하는 일이 일어날 수 있다. 이것이 바로 전문성의 저주이다(Hinds, 1999). 한마디로, "개구리, 올챙이 적 생각 못한다"는 것이다. 더 놀라운 것은, 심지어 전문가들에게 자신이 초심자였을 때를 곰곰이 생각해 보고 그들의 수행을 예측해 보라고 말해 줘도, 여전히 전문가들은 초심자들의 행동을 잘 예측하지 못한다는 것이다! 알려줘도 못하니까, 더욱 답답한 노릇이다. 그러면 어떻게 해야 할까? 아이로니컬하게도 초심자의 생각과 행동을 이해하기 위해서 전문가가 초심자들에게 물어봐야 한다.

나는 수년 전부터 심리학을 전혀 공부하지 않은 학생들을 대상으로 '마음이란 무엇인가'라는 교양 과목을 가르치며, 내 스스로 다시 초심자로 돌아가 이들이 마음에 대해 어떤 질문과 생각을 갖고 있고, 그래서 어떤 오해를 하는지, 무엇을 모르는지, 무엇을 알고 싶은지 알아보았다. 그 과정에서 내가 그동안 당연하다고 생각해 왔던 인간에 대한 과학적 이해의 틀을 일반인들이 아직도 낯설어하고, 그래서 인간에 대한 과학적 이해가 얼마나 중요한지조차 모르고 있다는 것을 실감하였다.

일단 대부분의 사람들은 '마음'에 대해 잘 모른다. 특히 마음에 대한 과학적 이해가 매우 부족하다. 더 놀라운 것은 자신이 마음에 대해 잘 *모른다는 것도 모른다는* 점이다.

예를 들어, 여러분은 지금 책을 읽고 있다. 글자 하나하나를 읽고 그 글자가 무엇인지 알고 있다. 그런데, 그 글자들을 우리는 어떻게 아는가? 어떻게 인식하는가? '가'라는 글자를 보고

'가'라는 것을 도대체 어떻게 아는가? 이러한 질문을 대학생에게 하면, 대부분은 이렇게 대답한다. "그렇게 생긴 모양이 '가'라고 배웠으니까 알지요." 물론 맞는 말이다. 배우지 않았으면 어떻게 알겠는가?

하지만 나는 다시 물어본다. "그렇다면 네 머리(뇌) 속에는 '가'라는 모양이 하나만 저장되어 있니? 아니면 여러 개 혹은 수백 개 저장되어 있니? '가'를 종이에 조그맣게 써도 '가'이고, 크게 써도 '가'이고, 삐뚤어지게 쓰거나 흘려 써도, 심지어 수백 명이 쓴 '가'라는 모양이 조금씩 달라도 너는 그 모양이 '가'라고 금방 알아본다. 도대체 우리 머리에는 글자 하나의 모양이 수백 개 혹은 수천 개 저장되어 있어서 눈으로 들어오는 '가'라는 모양과 비교해서 아는 걸까? 아니면 어떻게, 어떤 과정을 거쳐서 우리 뇌는 눈으로 들어온 모양을 금방 알아보는 걸까?"

조금 더 복잡하게 질문하자면, 여러분이 흰 종이에 쓴 '가'라는 글자를 보았을 때, 흰 종이에서 반사된 빛과 검은 잉크로 쓴 '가'라는 글자에서 반사된 빛의 패턴들이 우리 눈의 각막을 통해서 안구의 안쪽에 있는 망막에 전달된다. 우리 망막에 있는 빛에 대해 반응하는 수많은 세포(감광세포)들 중 어떤 것은 하얀 종이로부터 온 빛에 대해 반응하고 어떤 것은 글자가 점

유하고 있는 공간으로부터 온 빛에 반응할 것이다. 그런데, 문제는 이렇게 각기 달리 반응하고 있는 세포들의 조합이 우리가 눈을 움직이거나 글자와의 거리를 바꿀 때마다(즉 가까이서 볼 때와 멀리서 볼 때마다) 달라진다는 것이다. 즉 눈에 전달되는 '가'라는 글자의 물리적 입력값(input)과 신경 신호의 입력값이 같은 '가'라는 글자에서도 거의 무한대로 다양한데, 어떻게 우리는 종이에 쓰여 있는 '가'라는 글자를 보자마자 즉시 그것이 '가'라고 동일한 출력값(output)을 내놓는가 말이다.

내가 학생들에게 이런 질문을 하는 이유는 간단하다. 우리가 미처 생각하지 못한 마음의 비밀은 이처럼 우리가 그동안 쉽게 해 온 일(즉 사물을 보고 무엇인지 아는 일)이라고 해도 사실 우리가 그 일을 어떻게 하는지 모른다는 것을 깨닫게 해 주기 위한 것이다.

"하나의 글자를 인식하는 것이 무슨 마음인가요? 마음은 뭔가 고차원적이고, 느낌이 있고, 생각이 있는…… 뭐 그런 거 아닌가요?"라는 질문을 할 수 있다. 고차원적인 생각, 느낌, 판단, 추론 등등 모두 마음이 맞다. 하지만, 하나의 글자를 어떻게 인식하고, 우리가 어떻게 보고 듣고, 어떻게 감각을 느끼고, 어떤 경우에는 별 생각 없이 행동하는지 등등 이런 것들이 모두 마음의 문제이다. 우리가 의식적으로 아는(자각하는) 것들뿐 아니라 의식적으로 자각하지는 못하지만 우리 뇌에서 복잡하게 처리되고 있는 모든 일들이 다 마음이고, 이것이 우리의 정서, 인지, 행동에 영향을 주고 있는 것들이다.

인공지능(AI) 바둑 프로그램 알파고(AlphaGo) 얘기로 나라가 떠들썩했다(이 책이 출간될 즈음에는 언제 그랬냐는 듯 흥미가 사라질지도 모르지만). 공중파를 비롯해 케이블 방송들이 앞다퉈 알파고와 이세돌 대국을 중계하고 관련된 뉴스와 패널 토의로 많은 시간을 할애했다. 정부나 기업 역시 바둑천재 이세돌을 연일 이기고 있는 알파고를 보고 놀라며 인공지능 기술에 뒤쳐져서는 안 되겠다는 위기감을 느끼고 있는 듯하다. 프로바둑기사를 이기는 알파고를 보며 인공지능의 뛰어난 계산 능력에 놀라지만, 사실 인공지능에 관심을 갖고 다양한 인공지능을 개발하기 위한 과학자들(특히 컴퓨터과학자, 컴퓨터공학자, 인지과학자, 인지심리학자, 인지신경과학자 등)의 노력은 수십 년 전부터 계속되어 왔고, 지금도 진행 중이다.

이세돌을 이긴 알파고에는 놀라지만, 이미 우리나라 주차 시스템 곳곳에서 사용되는 자동차 번호 인식 시스템에 대해서 놀라는 사람은 별로 없다. 도대체 카메라를 통해 들어온 자동차 번호판의 글자와 숫자를 인공지능이 있는 카메라는 어떻게 인식하는 것일까? 사실 사물을 순식간에 인식하는 우리의 능력은 현존하는 인공지능 시스템이 아직 따라오지 못하고 애를 먹고 있는 분야 중 하나이다. 물론 언젠가는 인간과 유사한 시각 인식 능력을 보이는 인공지능을 만들 날이 오겠지만, 여기서 내가 하고 싶은 얘기는 우리가 쉽게 하는 지각과 인식 능력이 실제로는 알파고가 하는 것보다도 더 어렵고 복잡한 마음의 부분들이라는 점이다(인공지능과 관련된 마음의 문제는 나중에 좀 더 얘기하기로 하겠다).

아직도 많은 심리학자들과 신경과학자, 인공지능학자들은 인간이 어떻게 글자나 사물을 인식하는지에 대해 연구하고 있다. 종이와 같이 2차원 상에 있는 글자나 모양은 그래도 쉽다. 3차원적인 사물들은 보는 각도에 따라 2차원적인 망막에 투영되는 모양이 시시각각 변한다. 이런 3차원 사물들은 어떻게 인식할까? 복잡하다. 이런 복잡한 얘기, 이런 복잡한 인간의 정보처리 과정(이것이 인지심리학에서 다루는 주요 주제이다)은 우리 분야의 학자들이나 대학원생들과 계속 연구해 갈 것이고, 이 책에서 복잡한 이야기는 가급적 피해 나갈 생각이다. 사실 일반인들은 자신이 글자를 어떻게 인식하는지 알 필요가 없다. 그냥 글자를 보면서 그 글자가 무엇인지 알면 그만이다. 마치 자동차를 사용하는 사람들이 자동차의 기본적인 작동 원리만 이해해서 자동차를 잘 운전하고 사용하면 되는 이치와 같다.

자동차를 사용하고 운전하는 사람처럼, 모든 사람은 자신의 마음을 운전하고 사용하고 있다. 자동차의 복잡한 구조와 메커니즘을 일반 운전자가 알 필요가 없는 것처럼 우리도 마음의 복잡한 메커니즘을 모두 알 필요도 없고 그럴 수도 없다. 하지만 일반 운전자들도 기본적인 자동차 구조와 기능을 알고 있어야 하는 것처럼 우리도 마음의 기본적인 작동 원리는 이해하고 있는 것이 좋다. 그래야 잘못된 마음의 운용(잘못된 판단이나 착각, 마음에 대한 비과학적 오류나 정신적으로 아프거나 부적응하게 되는 일 등)을 사전에 막거나 줄일 수 있다.

존 던(John Donne)은 시적으로 이렇게 얘기했다. "지식의 섬이 커질수록 미지의 해안선이 늘어난다." 지식이란 그런 것이다. 알면 알수록 모르는 것이 많아진다. 배우면 배울수록 자신이 몰랐다는 것을 깨닫게 되고, 더 배워야 할 것이 점점 더 많다는 것을 깨닫게 되는 것이다. 이 책을 통해 인간의 마음에 대해 자신이 무엇을 몰랐는지, 무엇을 잘못 알았는지 깨달으며, 우리가 알지 못했던 마음의 과학적 발견들에 대한 앎의 기쁨을 함께 공유할 수 있기를 바란다.

학자가 별 새로운 발견이나 주장 없이 책을 낸다는 것은 여간 꺼려지는 일이 아니다. 사실, 이 책에 있는 대부분의 내용은 그동안 나를 포함하여 많은 학자들이 여기저기서 발표하거나 언급한 내용들이며, 또한 새롭게 보이는 주장이라고 해도 여기저기 살펴보면 누군가 이미 언급했던 것일 수도 있다. 따라서 어찌 보면 별 새로울 것도 없어 보이는 내용들을 책이라는 거창한(?) 매체를 통해 새롭게 발간한다는 것은 부끄럽고 꺼림칙한 일임이 틀림없다. 그럼에도 불구하고, 부족한 책을 쓰기로 용기를 낸 이유는 일반인을 위한 제대로 된 기초 심리 과학 도서들이 의외로 적다는 것이다. 일반인이 심리학 전문 학술서나 학술지의 내용을 읽고 이해하라는 것은 거의 고문에 가깝다. 또한 일반인이 재미있게 읽을 수 있는 많은 '심리 도서' 중에는 과학적 심리학이라고 보기 힘든 '가짜 심리학' 책들이 난무하고, 심리학의 진정한 모습을 왜곡시켜 왔다. 이런 이유가 부족한 책을 쓴 변명 아닌 변명이라 이해해 주시길 바란다.

내가 여기에 무엇이라도 끄적거릴 수 있는 지식을 갖게 된 것은 존경하는 스승들과 동료 교수들, 그리고 함께 연구해 온 제자들이 있었기에 가능했다. 원고를 읽고 도움이 되는 의견을 주신 김경일, 박선균, 서은국, 정상철, 장병탁, 한상훈 교수와 김준희 군, 현암사의 김현림 주간과 류현수 팀장에게 고마움을 전한다. 책 나오기를 기다리며 옆에서 응원해 준 가족과 친구들에게도 감사의 뜻을 전한다.

1부

과학으로 보는 마음

1. 마음에 대한 질문

마음이란 무엇인가? 마음이라는 것이 있기는 하는가? 이세돌을 이긴 알파고는 마음이 있는가? 우리 집 강아지는 마음이 있을까? 파리는? 바퀴벌레는? 기쁨, 슬픔, 분노, 놀람과 같은 정서는 마음에 포함될 것처럼 보인다. 착한 마음, 악한 마음에는 무엇이 들어 있는 건가? 아픈 마음도 마음이라면, 정신적인 상처 말고 신체적 아픔도 마음인가? 내 안의 생각들은 모두 마음에 포함되는가? 내가 모르는 내 생각(무의식적 생각)도 마음인가?

마음에 대한 여러분의 생각은 무엇인가? 독자 여러분은 마음에 대한 어떤 질문들을 해 왔고 하고 있는가?

내가 느끼고 생각하는 것이 모두 마음인가? 지금 이 책을 읽으면서 이해하고, 그리고 가끔은 딴생각도 하면서, 그리고 이 책을 언제까지 읽을 것인지 대충 계획도 하고, 시간도 체크하고 주변 사람도 힐끗힐끗 보는 그런 것들이 모두 마음인가? 지금 이 책을 들면서 갑자기 느껴지는 책의 무게나 종이의 질감, 그리고 현재 내 발목의 위치나 눈의 깜박임을 느끼는 것, 이런 것도 마음일까? 여러분은 마음이란 것의 범위는 무엇이고, 그것이 어떻게 생겨났고 어떻게 변화하고 어떻게 조절 가능한 것일까를 생각하는가? 생각하고 느끼지 못하지만 마음이라고 할 수 있는 것이 있겠는가? 마음이라는 것이 결국 우리의 뇌를 비롯한 신경계의 작용이라면 우리의 몸(뇌)으로 들어오거나 혹은 저장된 적이 없는 생각이나 느낌은 결코 경험할 수 없는 것일까?

학자가 되기 위해 대학원 진학을 희망하는 학생들을 면담할 때면 내가 그들에게 늘 묻는 질문이 있다. "너는 왜 공부하려고 하니?" 이 질문에 다양한 대답이 나올 수 있다. "저는 공부를 잘해요. 나중에 꼭 교수가 되고 싶어요." "대학원 나오면 이 분야의 전문가로서 활동할 수 있을 것 같아서요." "글쎄요. 일단 좀 더 공부를 해 보고 싶어서요." 등등. 그렇지만 내가 원하는 대답들은 아니다.

나는 좀 더 구체적으로 물어본다. "너는 대학원에서 어떤 연구를 하고 싶니? 질문이 뭐니?"

나는 질문이 없는 사람을 뽑지 않는다. 대학에서 성적은 좀 안 좋아도, 궁금한 것이 있고, 구체적인 연구 질문이 있고, 그런 질문들에 대해 대학원에 진학하여 어떻게 풀어 갈 수 있는지 고민하고 준비한 사람들을 선발한다. 더 나아가 자신의 질문이 왜 중요한지 알고 있다면 금상첨화다. 그런 사람들이 학자가 되어야 한다고 생각한다. 교수가 되는 것이 목표인 사람은 교수가 되고 나서 딴생각(?)을 하기 쉽다. 왜냐하면 이미 목표를 이루었으니까. 하지만 궁금한 것이 많고 궁금한 것을 알아가는 것을 좋아하는 사람은 교수가 되어서도 그 일을 계속, 열심히, 즐겁게 하는 것을 보아 왔다. 궁금한 것을 알고 나면 연구를 등한시하지 않겠냐고? 천만에. 궁금한 것이 하나 해결되면 다시 새롭게 궁금한 것이 반드시 생기게 된다. 연구는 그렇게 계속되는 것이다.

이 책을 집어 든 독자 역시 마음이란 것이 무엇인지, 마음의 작동 원리가 무엇이고 어떻게 사용해야 할지 궁금해서 이 책을 읽고 있으리라 생각한다. 그렇다면 우선 독자 스스로 마음과 관련된 질문을 해 보기 바란다. 그리고 여러분이 생각하는 인간의 마음이나 행동과 관련하여 사실이라고 생각하거나 사실이라고 믿고 있는 것이 무엇인지도 생각해 보기 바란다.

여러분은 인간의 마음이나 행동과 관련된 어떤 질문들을 하고, 또 어떤 생각들을 갖고 있는가? 혹시 이런 질문들인가? "다른 사람의 마음을 알 수 있는가? 어떻게 알 수 있는가?" "운동이나 다이어트를 굳게 마음먹고 하려는데 왜 작심삼일이 되는 걸까?" "영혼이라는 것이 존재하는가?" "어떤 사람은 왜 하는 말이나 행동마다 밉고 싫게 느껴지나?" "어떻게 하면 공부를 효과적으로 잘하고 기억을 잘할 수 있을까?" "첫인상은 얼마나 중요할까?" "왜 많은 사람들이 뱀이나 벌레를 징그럽다고 느끼는가? 심지어 어떤 사람들은 작은 벌레만 다가와도 꺅~ 소리를 지르며 기겁을 하는가?" "남자와 여자의 마음은 다른가? 다르다면 어떻게, 그리고 왜 다른가?"

마음과 관련한 독자들의 질문 중에 대답이 가능한 질문이 있고 현재로서는 대답할 수 없는 질문도 있을 것이다. 마음에 대해 많은 학자들이 지금도 연구 중이고 아는 것보다는 아직 모르는 것이 더 많다. 또한, 하나를 밝히고 나면 또 다른 질문이 생기고 더 연구해야 할 것이 늘어나게 되어 있다. 그래서 다행히도 나 같은 연구자에게 모든 연구가 끝나서 할 일이 없어지는 사태는 절대 일어나지 않는다.

다시 본론으로 돌아와서, 여러분이 갖고 있는 마음과 관련한 질문들이 제대로 된 질문인지 한번 생각해 보자. 제대로 된 질문이라? 사실, 질문은 어떤 것이든 할 수 있다. "인간에게 영혼이 있는가?" "죽으면 정말 천당, 지옥이 있어서 어디론가 가는 것인가?" "죽으면 다시 무엇인가로 태어나는가?" 우리에게 엄청 중요한 질문이다. 하지만 현재로서는 '객관적으로' 그리고 '과학적으로' 답을 할 수 없는 질문이다. 필자가 얘기하는 '제대로 된 질문'이란 과학적으로 연구 가능하고 과학적인 대답을 들을 수 있는 질문이다. 과학적 연구가 가능하기 위해서는 그 질문이 *관찰 가능하고, 검증 가능하고, 반복 가능한지* 따져야 한다. 어차피 대답할 수 없는 질문이라면, 철학이나 문학에서 심오한 논의와 통찰을 제공한다고 해도 과학의 영역에서는 영양가 없는 질문이다.

여러분이 인간의 마음이나 행동에 대해 정말 맞는다고 믿는 생각은 무엇인가? 혹시, '사람의 마음은 원래 선하다(혹은 악하다)', '사람은 사랑받기 위해 태어난 존재이다(혹은 사람은 철저하게 외로운 존재이다)', '사람은 늙을수록 시간이 빨리 간다고 느낀다(혹은 늙을수록 시간이 안 가고 지루하다고 느낀다)', '지능은 유전에 의해 결정된다(혹은 유전보다는 노력과 훈련에 의해 지적 능력이 결정된다)', '신앙심이 깊은 사람은 결국 잘된다(혹은 그 사람의 신앙심과 잘되고 못되고는 관계가 '없다')' 등등 이런 내용들을 생각했는가? 인간이나 인간의 마음이나 행동에 대한 여러분의 생각이 정말 과학적으로 근거 있는 것인가? 과학적 근거가 왜 중요한가? 과학적 근거가 없는 생각이나 신념이 문제 될까? 이 책을 통해 이런 질문들을 함께 생각하고 풀어 나갈 것이다.

과학이 발전하기 이전 우리의 마음이 심장에 있다고 생각한 적도 있었다.[*] 놀라거나 흥분하면 심장박동이 빨라지는 걸 느끼며 사람들은 마음이 심장에 있다고 착각했는지도 모른다. 과학의 발전으로, 이제 우리는 마음의 기관이 뇌(brain)라는 것을 알고 있다.[**] 우리의 마음은 뇌에서 비롯되고, 뇌의 활동(activity) 자체가 마음이다. 하지만 뇌만 들여다본다고 해서 마음을 알 수 있는 건 아니다. 뇌가 하는 일을 알기 위해서는 복잡한 행동과 마음 현상들을 객관적이고 체계적으로 관찰하고, 분류하고, 측정하고, 분석해야 하기 때문이다.

● 마음과 관련된 가장 오래된 기록을 보면, 2500년 전 엠페도클레스(Empedocles, 495-435 B.C.)는 우리 마음이 심장에 있다(심장 가설)고 생각했고, 비슷한 시기에 알크마이온(Alcmaeon)은 마음이 뇌에 있다(뇌 가설)고 생각했다. 그리고 이런 논쟁은 근대 과학이 발전하기 전까지 2000년 넘게 계속되었다. 500년경 성 아우구스틴은 마음이 뇌실(뇌를 들여다보면 뇌척수액이 차 있는 빈 공간)에 있다고 생각했고, 레오나르도 다빈치도 이와 비슷한 생각을 했다. 물론 잘못된 생각이다.

●● 그래도 여전히 우리는 뇌 모양이 아닌 하트(heart, 심장) 모양을 마음의 상징으로 사용하고 있다.

2. 어떤 질문

연구실에 있다 보면 기자로부터 가끔 전화가 온다. 며칠 전에
도 한 기자가 전화를 해서 "요즘 난폭운전, 보복운전이 문제
되고 있는데, 왜 사람들은 보복운전을 하나요? 보복운전을 하
는 심리는 뭐죠?"라고 물었다. 심리학적 발견들을 동원하면 인
간의 공격성에 영향을 주는 요인들, 자동차 안에서 자신의 정
체가 드러나지 않는 상황, 교통체증과 스트레스, 현대인의 소
외, 좌절감 등등 갖다 붙일 이유는 많다. 기사에 전문가의 의
견을 몇 줄 넣어야 하는 기자의 심정을 모르는 바 아니지만,
사실 보복운전과 관련하여 체계적인 연구를 한 적도 없고 알
고 있는 지식도 미천하여 "잘 모르겠습니다. 다른 전문가에게
물어보세요"라고 얘기하고 전화를 끊었다.

　모든 운전자가 난폭운전, 보복운전을 하는 것은 아니다. 그

리고 그런 운전을 어떤 사람이 했다고 해서 늘 그렇게 운전하지도 않을 것이다. 우리나라 전체 운전자 가운데 난폭운전을 한 경험이 있는 사람이 얼마나 되고, 그런 경험이 있다면 어느 정도의 빈도로 난폭운전을 하는지, 어떤 상황에서 난폭운전을 하는지, 난폭운전을 하는 사람의 성향이나 그 당시 상황은 무엇인지 면밀히 조사해 봐야 한다. 간단한 문제가 아니다. 더욱이 "왜?"라는 질문은 인과관계를 설명해야 하는 매우 어려운 질문이다.

어제 낮 12시에 A라는 사람이 서울 종로에서 보복성 난폭운전을 했다고 하자. 그리고 그것이 뉴스거리가 되어 기자가 나에게 그 이유를 묻는다면? 심리학 교수가 무슨 점쟁이라도 되는가? 그 A라는 사람이 아침에 직장 상사에게 야단을 맞았는지, 조금 전 애인과 전화로 말다툼을 했는지, 자동차에 에어컨이 고장 나서 짜증이 났는지, 오늘 신은 신발이 불편했는지, 혹은 상대차가 A라는 사람이 싫어하는 종류의 차종이었는지 등등 무슨 이유였는지 그걸 어떻게 알겠는가?

예전에, 한 주요 신문사 기자로부터 비슷한 종류의 질문을 받은 적이 있다. "윤 일병 폭행 사망 사건"●에서 보면, 군대에

● "2014년 4월 7일, 28사단 내무반에서 윤 일병은 만두 등 냉동식품을 동료 병사들과 나

1부 과학으로 보는 마음

서 폭행이 더욱 가혹해지고 이전보다 더욱 엽기적으로 보이는데, 그렇게 되는 이유가 무엇인가요?" 필자는 말했다. "글쎄요, 지금으로서는 어떤 얘기도 하기 힘들 것 같습니다." "교수님, 그래도 사람들은 요즘 세대들이 너무 개인주의적으로 바뀌어서 그렇다는 얘기도 있고, 폭력적인 게임들이 그렇게 만들었다는 얘기도 있는데요, 정말 그럴까요?" "글쎄요."

우리 사회에서 인간의 행동이나 마음과 관련하여 관심이 되는 사건들이 터질 때마다 기자로부터 비슷한 질문들을 받아왔다. 그럴 때마다 내 입에서 나가는 대답들은 대부분 "잘 모른다"였다. 그 이유는 정말로 잘 모르기 때문이다.

더 정확하게 말하자면 현재 보도된 내용이나 정황만 가지고는 어떤 얘기도 할 수 없다는 것이고, 다른 전문가들도 "현재로서는 잘 모른다"라고 대답하는 것이 정답이라는 말이다. 하지만, 그렇게 얘기하면 기자는 기사를 쓸 수가 없다. 대중들도 그런 대답 듣자고 신문을 사서 보지는 않을 것이다. 그래서 기

뒤 먹던 중 선임병 4명에게 정수리와 가슴 등을 맞고 쓰러졌다. 윤 일병이 쓰러진 후에도 가해자들은 폭행을 멈추지 않았고, 결국 윤 일병은 음식물이 기도를 막아 뇌사 상태에 빠진 채 병원으로 긴급 이송됐지만 다음 날 사망했다. 가해자들은 평소에도 윤 일병에게 개 흉내를 내고 바닥에 뱉은 가래침을 핥아먹기, 성기에 안티프라민 바르기, 새벽 3시까지 '기마 자세'로 얼차려, 치약 한 통 먹이기, 드러누운 얼굴에 1.5ℓ 물을 들이붓기 등 반인류적인 가혹 행위를 저질렀다." (출처: SBSCNBC)

자는 자신이 원하는 대답을 들을 때까지 소위 전문가를 찾아 계속 전화를 한다.

'윤 일병 폭행 사건'과 관련된 그 기자의 질문에 대해 그 당시 나는 잘 모른다는 대답과 함께 그 이유를 조금 친절하게 이야기해 주었다.

(필자) "우선, 윤 일병에 대한 폭력 행위를 보면 점점 더 가혹하고 엽기적이라고 했는데, 정말 그런가에 대한 자료가 있어야 합니다. 사람들이 그렇게 생각한다면 20~30년 전에도 새로운 가혹 행위 등에 대해 엽기적이라고 생각했을 가능성이 있습니다. 군대 내에서의 폭력 행위가 점점 더 가혹해지고 있다는 자료가 있어야만 그다음 질문도 할 수 있습니다."

(기자) "아, 네…… 그래도, 정말 엽기적인 건 맞지 않습니까?"

(필자) "네, 엽기적이라고 다들 생각하니까, 맞겠지요. 하지만 그렇게 엽기적이라고 부르는 행위가 예전에는 없었는지도 확실하지 않고요, 요즘 SNS를 통해 그리고 전자통신이 발달해서 모든 사람들이 빨리 그리고 쉽게 정보들을 접할 수 있어서 그렇지, 어쩌면 개인끼리 소수만 알던 엽기적인 가혹 행위들이 단지 잘 알려지지 않았을 가능성도 있을 것입니다."

(기자) "아…… 그럴 수도 있겠네요."

(필자) "가혹 행위가 점점 엽기적이고 잔혹해지는지조차 알지 못하는데, 그렇게 되는 이유를 얘기할 수는 없지 않겠습니까?"

(기자) "아…… 그럼, 이 사건에 대해 뭐 한마디라도 코멘트를 하신다면……."

아마 이쯤에서 기자는 전화를 끊고 싶었을 수도 있지만 인내심으로 한마디라도 기사에 쓸 만한 것을 달라는 눈치다. 하지만 필자는 미안하게도 기자를 도와주지 않았다. 아니, 못했다. 그 이유는 내가 모르기 때문이고, 내가 모른다는 것을 나는 알기 때문이다. 나는 그동안 소위 전문가들이 스스로 모른다는 것을 모르기 때문에 마치 아는 것처럼 떠드는 사례들을 많이 보아 왔다.

주관적으로 추측하고 상상하는 일은 누가 못하랴? 기자의 질문에 따르면, 엽기적으로 된 이유가 혹시 사람들이 개인주의적으로 변해서 그렇다는 것인가? 그렇게 얘기하려면 일단 개인주의가 팽배한 서구에서 더욱 가혹 행위가 많이 일어나야 하는데, 그런 증거들이 있는가? 요즘 병사들은 한두 자식만 있는 가정에서 자라다 보니 자신밖에 모르기 때문에 그렇다, 혹은 황금만능주의와 경쟁 사회에서 자란 아이들이 인성 교육이 안 되어서 그렇다, 또는 잔혹한 게임이나 폭력 영화에 너무 많이 노출되어서 그렇다, 혹은 군기와 전우애가 실종되어서 그렇다 등등 그럴 듯한 이유를 갖다 붙이면 한도 끝도 없다. 사실 그런 그럴듯한 설명, 설명 아닌 설명이 바로 '말장난' 아니면 무엇인가?

책임지지 않아도 되는 말들, 하나 마나 한 말들, 실상을 모르면서 아는 것처럼 하는 말들…… 적어도 *인간의 마음과 행동을 과학적으로 연구하는*● 심리학자라면, 이제는 그런 말장난을 하지 않는 용기와 냉철함이 필요하다.

필자는 말했다. "듣고 싶은 대답은 아니겠지만, 결론적으로 가혹한 폭력 행위가 일어날 여러 가지 요인들이 윤 일병 주변에 우연히 발생하였고, 이런 요인들이 현재로서는 알 수 없는 방식으로 상호작용을 하면서 그런 일들이 발생했다고 얘기하는 것이 맞을 것입니다. 그러니 모른다고 대답할 수밖에 없습니다." 기자는 오히려 내가 기자에게 말장난한다고 느꼈을지도 모르겠지만, 그래도 고맙다고 공손하게 대답하고 전화를 끊었다.

● 이것이 많은 심리학자들이 동의하는 심리학의 정의(definition)다. 심리학은 인간의 마음과 행동을 과학적으로 연구하는 학문이다.

3. '하늘의 뜻'을 어찌 알겠는가

"세상은 우연으로 시작해서 우연으로 끝난다." 이 말은 세상에 우연이라는 요소가 우리가 상상하는 것 이상으로 가득 차 있음을 강조하기 위한 말이다. 우주에서 지구가 생겨난 것부터, 여러분의 아버지 어머니가 우연히 만나 여러분이 우연히 태어난 것 등등. 물론 세상을 과학적으로 연구할수록 숨겨진 메커니즘이 발견되지만, '우연'이라는 것 역시 세상에서 일어나는 일들에 대한 가장 적절한 설명인 경우가 매우 많다는 점을 간과한다.

더욱이 무작위(random)로 우연히 발생하는 것이 전부인 일들에 대해서 이를 다른 숨겨진 원인들로 설명하고 이해하려는 것처럼 어리석은 일은 없다.[*] 이렇게 어리석은 생각들은 과학 기술이 발달한 오늘날에도 우리 마음속에 뿌리 깊게 남아 있다.

축구 경기가 시작되기 전에 심판과 양 팀의 주장이 축구장 중앙에 모여서 하는 것이 있다. 동전 던지기인데, 심판이 동전을 던져서 앞면이 나오는지 혹은 뒷면이 나오는지에 따라 골대 방향과 공수를 결정한다.[**] 통상 앞면과 뒷면이 나올 확률은 거의 같기 때문에, 어느 팀이 앞면을 선택하든 뒷면을 선택하든 서로 불만은 없다. 어떤 면이 나올지는 '하늘의 뜻'에 달려 있기 때문이다. 이 '하늘의 뜻'은 누구도 모르고 예측할 수 없다는 뜻이다. 즉 무작위라는 말이다.

하지만, 어떤 면이 나올지 모든 요소들을 다 고려해서 계산한다면 예측할 수도 있다. 심판이 엄지손가락 위에 동전을 올려놓고 튕겨서 던졌다면 그때 동전이 놓인 면과 각도, 방향, 심판의 손톱 길이와 모양, 마찰 강도, 손가락 힘, 손에 물기가 있는 정도, 동전이 돌아가는 속도와 공중에서 머문 시간, 심판이

● 사람들이 로또 대박집에 줄을 서거나, 무작위(random)로 선정되는 로또 번호에 비밀이 있는 듯이 유혹하는 인터넷 광고가 즐비한 것이 현실이다.

●● 사실 동전에 앞면, 뒷면이 어딘지 모르는 독자들도 있을 것이다. 그냥 사람들이 정해서 그렇게 부르는 것인데, 동전의 앞면을 영어로는 Head라고 하고, 보통 그림이 있는 면이다. 뒷면을 영어로는 Tail이라고 부르는데, 통상 숫자가 표시된 면을 말한다.

잡는 순간의 손바닥 모양, 바람이 부는 정도, 동전의 구리 아연 등의 혼합 비율과 마모 정도 등등. 아무튼 우리가 이런 모든 요인을 다 알고 있고, 심판이 던지는 순간 이런 모든 변인들을 측정할 수 있다면, 우리는 이렇게 우연이라고 생각하는 사건들에 대해 정확하게 예측하는 것이 가능할 수 있다. 하지만, 현실은 어떤가? 이렇게 동전 하나 던지는 데에도 수많은 요인들이 있고, 그 모든 요인을 측정하거나 혹은 미리 조절하는 것도 이렇게 어려운데, 하물며 복잡한 세상에서 일어나는 많은 일들은 오죽하겠는가?

어떤 사람이 열심히 일해서 성공했다고 하자(성공이라는 것도 사실 보는 사람마다 다를 수 있겠지만, 여기서는 그냥 사업에 성공해서 부자가 되었다고 하자). 그 사람이 부자가 된 이유가 열심히 일해서인가? 누군가는 그 사람이 정직하고 성실하게 일했기 때문이라고 말할 수도 있고, 또 다른 누군가는 그 사람이 늘 긍정적인 마음, 하면 된다는 정신을 지녔기 때문이라고 말할 수도 있다. 혹은 누군가는 그 사람이 사업하다가 어려움도 겪었지만 끝까지 포기하지 않는 정신을 가졌기 때문이라고 말할 수도 있고, 또는 매일 규칙적으로 생활하고 매우 부지런했기 때문이라고 말할 수도 있다. 사업을 하다가 중요한 누군가나 좋은 사업 아이템을 만났기 때문이라고 말하는 사람도 있을 수 있다.

우리 주변을 둘러보면, '성공하는 사람의 10가지 비밀'이나 '성공하려면 이렇게 하라!'를 외치는 수많은 책들과 강사들이 널려 있다. 성공한 사람들을 조사해서 이것저것 모아서 유형별로 정리하고 거기에 살도 좀 붙이고 재미와 감동도 좀 붙여서 (무지하고 순진한) 대중들을 현혹하는 것이다. 일반인들은 책임질 수 없고 인과관계를 말할 수 없는 사후 설명적인 말장난들이 우리 주변에 만연해 있음을 잘 깨닫지 못할 뿐이다.

이미 성공한 사람의 몇 가지 특성만을 보고 마치 그것이 원인이 되어 성공이라는 결과가 초래된 듯 포장하고, 더 나아가 성공한 사람들과 전혀 다른 조건과 다른 환경의 사람에게 성공하기 위해서는 그런 특성들을 가져야 한다는 주장은 한마디로 무책임한 말장난에 지나지 않는다. 그것은 마치 자신이 동전을 던져서 앞면이 나온 후에, 앞면이 나오기 위해서 내가 얼마만큼의 힘을 주어서 어느 정도 높이로 던졌더니 앞면이 나왔으니, 너도 그렇게 하면 앞면이 나온다고 가르쳐 주려는 것이나 마찬가지다. 그런데 그 말을 듣고 동전을 던지는 사람은 손가락 길이도 다르고 동전을 올려놓은 손톱 모양도 다르다. 그런데 같은 결과가 나올 수 있겠는가?

동전을 던질 때 앞면이 나올지 뒷면이 나올지 예측하기 어려운 것처럼, 이런 주장들은 대부분 예측력이 없다고 보면 된다. 무엇이 원인이고 무엇이 결과인지 알기 위해서는, 그리고 예측력이 있기 위해서는 정교한 실험 설계와 연구 방법이 필수적으로 따라와야 한다. 대중을 상대로 현혹하는 자기계발서에 이런 정교한 연구 방법이 사용된 일을 필자는 본 적이 없다.

그러니, 성공한 사람들이 TV에 나와서 자신은 어떻게 어려움을 극복하고 성공했는지 말하는 것에 가슴이 뜨거워지고 희망이 샘솟는 것이나, 놀고 있는 자식을 불러서 너도 좀 저거 좀 듣고 정신 차리라고 하는 일이 얼마나 부질없는 일인가! 그런 것을 들어서 다 성공하면 이 세상에 성공하지 못할 사람이 어디 있겠는가?

성공한 사람들을 주변에서 잘 관찰해 보라. 성공에 도움이 되는 여러 특성들이 있지만 그 특성들 이상으로 우연에 의한 요인들이 너무도 많음을 알 수 있다. 아무리 성실하고 부지런해도 이해력이나 지능이 따라주지 못했다면, 혹은 그때 그 사업 아이템과 관련된 정보를 누군가가 얘기해 주거나 혹은 배울 기회가 없었다면, 아무리 긍정적이고 포기하지 않는 정신을 가졌더라도 우연히 누군가를 만나지 않았다면, 아무리 새벽에 일어나서 부지런하게 일하고 직원을 가족처럼 대했다고 해도 병이나 위급한 사고 없이 일을 계속할 수 있는 상황이 아니었다면……. 이처럼 우리는 너무도 많은 우연한 일이나 상황들로 성공하거나 성공하지 못할 수도 있다는 말이다.

물론, 다른 (알 수 없는) 여러 요인들이 통제되지 못한 상황이라고 해도 비슷한 조건에서 무작위로 변화된다고 할 때, 우리가 관심을 갖고 있는 하나의 요인, 예를 들면 '부지런함 정도'에 따라 성공 여부를 측정해 볼 수 있다. 가령, 사업에 성공한 사람들 100명을 무작위로 조사해 보니 이 사람들 중 70%가 아침 일찍 일어나서 하루에 12시간 이상을 일하는 데 쓴다고 하자. 그렇다면 '부지런함 정도'가 성공에 중요한 요인인가? 아직 그렇게 말하기엔 이르다. 사업을 하다가 실패한 사람들도 조사해 봐야 한다. 이들이 현재 실패해서 더 이상 부지런할 필요가 없을지도 모르니, 한창 사업을 시작하고 바쁠 때 얼마나 부지런했는지 알아봐야 한다. 조사 결과, 성공하지 못한 사람들은 100명 중 10%만이 아침 일찍 일어나서 하루에 12시간 이상을 일하는 데 쓴 것으로 나타났다고 하자. 그렇다면, 확실히 성공하는 데에 '부지런함 정도'가 중요하며, 성공하려면 부지런해야 한다고 주장할 수 있는가? 만일, 성공하지 못한 사람들의 70%가 사업을 시작하고 진행하던 당시에 아침 일찍 일어나고 하루에 12시간 이상 일했다면, '부지런함 정도'는 성공과 아무런 관계가 없는 것인가? 혹은 이 성공하지 못한 사람들은 더 부지런해서 90% 이상이 하루에 14시간 이상 일한다는 조

　　　　　　　　　　　　1부 과학으로 보는 마음

사 결과가 나왔다면, 이상하게 들릴 수도 있지만 부지런함은 오히려 성공에 방해가 된다는 결론을 내릴 수 있는가?

비슷한 논리로, 어떤 연구자가 '부지런함' 대신에 '비만 정도'에 따라 성공 여부를 측정한다고 하자. 그리고 위와 똑같이 성공한 사람들 100명을 무작위로 조사해 보니, 이 사람들 중 70%가 정상 체중보다 더 비만한 것으로 나왔다고 하자. 반면에 성공하지 못한 100명의 체중을 측정해 보니 35%만이 비만으로 나타났다고 하자. 그렇다면 이러한 결과는 성공하기 위해서 체중을 불려서 비만이 되어야 함을 의미하는가? 아마도 이런 결론을 주장하는 사람이 있다면 여러분은 "말도 안 되는 주장을 한다"고 비난하거나 비웃을 것이다. 위의 부지런함 정도와 성공의 관계 역시 이런 말도 안 되는 말장난이 아니라고 어떻게 얘기할 수 있는가!

위에서 두 집단의 '부지런함 정도'를 조사해서 조사 결과에 따라 어떤 결론을 내릴 수 있는지 질문만을 했는데, 그 모든 질문에 대한 대답은 "아니오" 혹은 "알 수 없다"가 정답이다. 우선, 이러한 조사는 이미 있는 집단(성공한 집단과 성공하지 못한 집단)을 사용했기 때문에 실험 연구가 아니며, 따라서 인과관계를 알 수 없다.[*] 부지런함 정도가 성공 여부에 영향을 주는지 안 주는지 알 수 없다는 말이다.

둘째로, 설령 두 집단 간에 '부지런함 정도'가 차이가 없다고 해서 부지런함이 성공에 아무런 영향도 주지 않는다는 결론 역시 섣부른 결론일 수 있다. '알 수 없다'고 생각하는 것이 올바른 답이다. 그 이유는 위 조사에는 포함되지 않은 또 다른 요인과 '부지런함의 정도'가 상호작용(interaction)을 하여 성공 여부에 영향을 줄 가능성도 있기 때문이다. 상호작용? 조금 복잡할 수는 있지만 간단한 예를 통해 설명해 보겠다.

'부지런함'에 '지능'이라는 다른 하나의 요인을 더 추가해서 조사하는 경우를 생각해 보자. 지능의 높고 낮음 정도를 IQ 120을 기준으로 그 이상이나 그 미만으로 정했다고 하자. 조사 결과 성공한 집단이나 성공하지 못한 집단이나 모두 지능이 높은 사람과 낮은 사람의 수가 동일했다고 하자. 차이가 없다고 해서 사람들은 지능이 성공과 아무런 관련이 없다고 생각할 수 있다. 하지만 '부지런함 정도'와 '지능'이라는 두 요인을 합쳐서 조사해 보니 다음 그림과 같은 결과가 나왔다고 하자.

● 그렇다! 이미 있는 집단을 가지고 그 집단에서의 차이를 보는 연구는 실험 연구가 아니다! 실험 연구만이 변인들 간의 인과관계를 알 수 있는데, 이와 관련된 얘기는 나중에 좀 더 자세하게 설명하겠다.

　　　　　　　　　　　　　　1부 과학으로 보는 마음

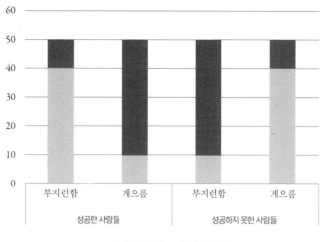

세로 축은 앞서 예를 들었던 성공한 사람 100명과 성공하지 못한 사람들 100명을 대상으로 해당 요인들에 속한 사람들의 숫자이다. 차트를 보면, 성공한 사람들이나 성공하지 못한 사람들이나 부지런한 사람들 50명씩, 그리고 지능이 120 이상인 사람이 50명씩 모두 같다. 하지만 성공한 사람들의 경우 부지런하면서 동시에 지능이 120 이상인 사람과 게으르면서 지능이 120 미만인 사람이 전체의 80%인 반면, 성공하지 못한 사람들의 경우 그런 사람들은 20%에 불과하다는 것을 알 수 있다. 즉 '부지런함의 정도'는 그 사람의 지능에 따라 성공과 매우 밀접한 관련이 있는 것이다.

풀어서 얘기하자면, 지능이 120 이상인 사람은 부지런할수록 성공집단에 속할 가능성이 높지만, 반대로 지능이 120 미만인 사람은 부지런할수록 성공하지 못한 집단에 속할 가능성이 높다는 얘기다. 이처럼, 하나의 요인만을 보았을 때 알 수 없는 그 요인의 중요성이나 효과가 다른 요인과 함께 보았을 때 나타날 수 있다. 이렇게 하나의 요인이 다른 요인과 영향을 주고받는 것을 우리는 요인 간 상호작용이라고 부르는데, 이러한 상호작용은 두 요인 간에도 나타나고, 세 요인, 네 요인, 다수의 요인 간에도 나타난다.

만일 성공에 영향을 줄 것으로 생각하는 요인 5가지만(예컨대 지능, 부지런함의 정도, 긍정적 성격, 학력, 체력)* 생각해 보자. 각 요인의 효과는 총 5개로, 당연히 각각의 효과** 가 있는지 없는지 조사해 보면 된다. 하지만, 앞서 언급한 것처럼 이들 각각의 단독 효과가 있든 없든 이들 요인들 간의 상호작용 효과도 조사해 보는 것이 중요하다. 그렇다면 몇 개의 가능한 상호작용 효과가 있을까? 우선 5개의 요인들 중 2개씩 가능한 조합은 총 10개(5Combination2)가 나오는데, 이들 효과를 알아봐야

● 독자도 이미 눈치챘겠지만, 여기서 예를 든 요인은 그냥 가상의 요인이다. 나는 성공에 필요한 요인이 뭔지 잘 모르겠다.
●● 단독 요인만의 효과를 통계에서는 주 효과(main effect)라고 부른다.

한다. 또한 3개의 요인들 간의 상호작용도 10가지나 있는데 이 것도 알아봐야 하고, 4개의 요인들 간의 상호작용 5개도 알아 봐야 하고, 마지막으로 모든 5개의 요인이 상호작용하는 것도 알아봐야 한다.

성공에 영향을 줄 것으로 생각하는 5개의 요인만 조사해도 이처럼 복잡한데, 성공을 부르는 10가지, 100가지 특성, 이런 얘기를 하는 사람들은 도대체 이런 상호작용을 생각하면서 얘 기하는 걸까? 인과관계를 알 수 있는 객관적 증거라도 있다는 말인가? 세상의 비밀은 그렇게 간단하지 않다! 그리고 다시 강조하지만 우리가 전혀 예측할 수 없거나 측정하기 어려운 순 간순간, 상황 상황의 우연적 요소들을 간과해서는 안 된다. 알 면 알수록 모르는 것이 점점 많다는 것을 깨닫게 된다. 겸손해 질 수밖에 없는 이유가 여기에 있다.

4. How를 무시한 섣부른 생각

대중은 어떤 결과가 나오면 '어떻게(How)' 그런 결과가 나왔는지는 별 관심이 없고, "그래서 결론이 뭔데?"에만 관심이 있다.

십수 년 전으로 기억한다. 서울의 한 유명 대학 식품영양학과 교수가 라면이 얼마나 해로운지 쥐를 가지고 실험한 결과가 신문에 실렸다. 실험 집단의 쥐들에게는 생라면을 먹이로 주고, 비교를 위한 통제 집단의 쥐들에게는 평소에 먹던 먹이를 그대로 주었다. 쥐들의 다른 환경(온도, 습도, 조명, 밀집도 등등)은 두 집단 모두 동일하게 만든 상태에서 쥐들의 건강 상태를 계속 관찰하였다. 실험 결과, 통제 집단의 쥐들은 잘 살고 있는데 반해, 생라면만 먹은 쥐들이 얼마 지나지 않아 죽어 나가기 시작했고, 결국 모든 실험 집단의 쥐들이 죽었다. 이 실험 결과는 주요 신문에 실렸고, 그동안 라면을 먹어 왔던 소비자들은 놀랄 수밖에 없었다.

　사실, 소비자보다 더 놀라고 큰일 난 사람들은 라면회사 사람들이었을 것이다. 아니, 도대체 어떻게 그런 결과가 나올 수 있었을까? 그 식품영양학과 연구실에서 어떻게 실험했는지 다시 조사해 보니, 말 그대로 실험 집단의 쥐에게는 생라면만 주었다. 물이나 물기가 있는 먹이는 주지 않고 생라면만 준 것이다. 결국, 생라면만 먹은 실험 집단의 쥐들이 모두 건강에 문제를 일으키고 죽었지만, 죽은 이유는 생라면 때문이 아니라 목이 말라 죽은 것이다.

　모든 과학 분야의 연구 결과들은 발표할 때 '어떻게' 그런 연구 결과가 나왔는지 자세하게 적어야만 한다. 즉 모든 과학 논문들은 반드시 방법(method)을 적도록 되어 있다. 어떤 재료와 자극, 도구 등을 사용하고, 어떤 절차를 거쳐서, 어떤 변인들을 조작하고, 통제하고 무엇을 어떻게 측정했는지 자세하게 적도록 되어 있다. 그리고 다른 연구자들도 그러한 방법을 보고 그대로 그 연구를 반복 재현(replication)할 수 있도록 하는 것이 일반적이다. 아무리 놀랍고 엄청난 연구 결과를 얻었다고 해도, 만일 잘못된 방법을 사용했다면 그 연구 결과는 무용지물에 불과하다. 사실 단순한 무용지물에 그치는 것이 아니라, 잘못된 연구 결과는 다른 연구와 연구자들에 해를 끼칠 수도 있다. 왜냐하면 어떤 연구자들은 그 결과를 믿고 그 결과에 근거해서 후속 연구를 할 것이고 결국 이들의 시간과 노력을 헛되게 만들 수 있기 때문이다.

과학은 '어떻게(how)'에 기반하고 있다. 객관적이고 체계적인 방법에 기초하여 놀라운 지식들을 쌓으며 발전하고 있다. '어떻게'를 모르고, '어떻게'를 무시하고, 섣부른 판단을 한다면 우리 서로를 잘못 인도하는(misleading) 과오를 범할 수 있는 것이다.

우리가 뭔가를 안다(know)는 것은 지식(knowledge)을 갖고 있다는 것이다. 지식을 얻는 방법은 여러 가지가 있다. 주관적인 *직관*에 의해 뭔가를 깨달아 알 수도 있고, *상식적*인 수준에서 많은 사람들이 그렇게 알고 있는 바를 공유할 수도 있다. 혹은 *권위*에 의한 방법도 있다. 그리고 마지막으로 *과학적 방법*을 통해 지식을 얻을 수 있다.

특히 과거에 배우지 못한 일반 백성들을 통치하던 사람들(정치적 권위자)과 주술을 하던 사람들(종교지도자)이 권위를 갖고, 이건 이렇고 저건 저렇다고 일방적으로 얘기한 것들이 지식으로 남아 있기도 하다. 오늘날은 다양한 분야에서 전문 지식을 갖고 있는 권위자들이 많은 지식과 정보를 제공하고 있다. 직관이나 상식, 권위에 의한 지식 습득 방법은 쉽고 편하지만 말 그대로 주관적이며 서로 모순된 측면을 가지기도 하고, 어떤 권위자들의 정보는 검증되지 않은 잘못된 정보일 수도 있다.

과학적 검증을 거치지 않은 주관적 신념이나 사회의 통념들은 대부분 코에 걸면 코걸이고 귀에 걸면 귀걸이인 자기만족적인 말장난에 불과한 경우가 대부분임을 깨닫는 것이 중요하다. "일찍 일어난 새가 벌레를 잡는다"라는 말을 많이 들었을 것이다. 물론 맞는 얘기다. 부지런한 사람들이 잘된 사례, 잘되고 있는 사례는 우리 주변에 널려 있다. 하지만 일찍 일어난 벌레는 일찍 잡혀 먹히기도 하고, 늦게 일어난 새가 늦게 일어난 큰 벌레를 잡을 수도 있다.

유유상종도 맞고 극과 극이 끌린다는 말도 맞다. 백지장도 맞들면 낫다면서, 사공이 많으면 배가 산으로 간다고도 얘기한다. "아프니까 청춘이다"도 맞고 "아프니까 노인이다"도 맞고, "안 아프니까 청춘이다"도 맞다. 이러한 통념이나 상식, 혹은 직관적 충고들은 폐기하기 어렵다. 왜냐하면 시의적절하게 옷을 갈아입고 출현해서 각 상황에 맞게 모든 사건들을 설명하는 것처럼 보이기 때문이다. 이처럼 상식적 지식들은 심지어 상호 모순적일지라도 모두 살아남아서 아직도 대단한 지식인 양 우리 옆에 기생하고 있다.

과학에서는 서로 모순되는 설명을 동시에 받아들이기 힘

들다. 어떤 물건의 무게가 같은 중력에서 10kg이면서 동시에 20kg일 수는 없다. 어떤 물질이 산성이면 산성이고 알칼리성이면 알칼리성이지, 이랬다저랬다 할 수는 없다. 지구가 태양을 도는 것인지, 태양이 지구를 도는 것인지 하나가 참이면 다른 하나는 거짓일 수밖에 없다.

그런데, 놀랍게도 인간의 마음이나 행동과 관련된 우리의 상식들은 그것들이 서로 모순되어도 전혀 이상하다고 느끼지 않으면서 '꽤 쓸만한' 지식으로 삼고 살아가고 있다. 이러한 지식이 살아남은 이유는 과학적 지식과 달리 상황에 따라 그때그때 옷을 갈아입는 일종의 '변신 능력' 때문이며 이러한 변신능력은 과학의 중요한 요소 중 하나인 '검증 가능성(혹은 반증가능성)'을 무력화시켜 버린다.

고무줄로 만든 자를 가지고 같은 대상을 측정해서 상황에 따라 길다고도 얘기하고 짧다고도 얘기하는 사람과 무슨 대화를 할 수 있겠는가? 그런 대화에서 어떤 발전이 있겠는가? 이제는 이런 말장난을 그만둘 때가 되었다.

5. 무지한 마음의 참회록[•]

모르는 것은 죄가 아니다. 나는 천문학이나 물리, 화학, 공학, 문학, 예술에 문외한이다. 모르는 것에 대해 모른다 하고, 아는 것에 대해서 다른 사람들에게 알려주고 그 지식을 사용해서 사는 것을 누가 뭐라 하겠는가? 문제는 모르는 것을 아는 체하거나 모르는 것도 모르면서 누군가를 잘못 인도하는 것이다. 더욱이 과학적으로 전혀 검증된 적이 없거나 혹은 사실이

● 독자 중에는 마음에 대한 책이, 왜 마음과 관련된 얘기는 하지 않는지 불만을 토로할 수도 있다. 마치 물고기 몇 마리 주기를 바라고 기다리고 있는데 자꾸 물고기 잡는 법만 얘기할 때 짜증날 수도 있는 것처럼. 하지만 마음을 이해하는 제대로 된 방법을 아는 것은 마음과 관련된 지식 몇 가지를 얻는 것보다 훨씬 더 중요함을 강조하고 싶다. 결국, 그 제대로 된 방법이라는 것은 '과학적' 방법을 말하는 것이며, 과학적 방법을 통해 과학 기술이 인류 역사에서 단기간 눈부신 발전을 한 것처럼 이제 인간의 행동과 사고 역시 과거의 구태를 벗어나 과학적 방법을 통해 성찰하고 발전해야 함을 강조하기 위한 것이다.

아닌 것을 사실로 생각하거나 믿어서 자신의 검증되지 않거나 잘못된 신념을 퍼뜨리고 공고화하는 과정에서 말장난하는 것이 문제라는 것이다.

오늘날 과학으로 밝혀진 많은 것들이 여전히 미스터리였던 시대를 생각해 보자. 가뭄과 기근으로, 혹은 알 수 없는 전염병으로 수많은 사람들이 죽어 나가는 것을 인류는 경험해 왔다. 비가 안 오면 그 과학적 이유를 알 리 없는 사람들은 기우제를 지내고, 역병이 창궐할 때 역시 제사를 지내고 굿을 하였다. 제사는 천문 기상이나 바이러스와는 전혀 무관하였지만, 제사를 지내고 나서 비가 오고 역병이 그치면 제사가 중요하다는 (잘못된) 신념은 재차 강화를 받아 다시 그런 일이 벌어질 때마다 제사를 지냈을 것이다. 이제 우리는 많은 자연 현상들을 과학적으로 설명할 수 있고(물론 앞으로 밝혀야 할 것들이 더욱 많기는 하지만), 불과 백여 년 전 미신적 행동이나 자연에 대한 잘못된 신념들은 역사에서 사라지고 있다.•

그렇다면, 인간의 마음이나 행동과 관련된 현상들은 어떠한가? 물론 과거에 이상한 소리를 하고 이상한 행동을 하는 사

• 사실은, 아직도 우리 주변에는 미신적 행동이나 믿음이 여전히 많이 남아 있다. 주요 신문에는 아직도 오늘의 운세를 그 비싼 지면을 들여 인쇄하고 있고(물론 재미로 본다고 해도 미신은 미신이다), 점 보는 집, 굿하는 장면 역시 어렵지 않게 찾아 볼 수 있다.

        1부 과학으로 보는 마음

람들에 대해 과학적 설명을 할 수 없던 우리 조상들에게는 보이지 않는 '귀신'의 신념이 많은 것을 설명하는 것으로 보였을 것이다. 하지만, 귀신을 쫓기 위해 굿을 하거나 좁은 곳에 가둬 두거나 화형을 하던 시대는 사라지고 있으며, 정신적으로 아픈 것을 치료하는 데에 주력하고 있다.

오늘날 많은 심리학자들과 신경과학자들은 인간의 마음과 행동에 대해 과학적인 연구들을 진행하고 있다. 하지만, 안타깝게도 아직까지 인간의 마음과 행동에 대한 설명들이 비과학적이고 조급한 신념들에 의존하고 있다는 사실을 대부분의 사람들은 아무렇지도 않은 듯 지나쳐 버리고 있다. 오히려 어떤 이들은 인간의 마음에 대한 과학적인 설명을 하려는 사람들에 대해 짜증을 부리거나 '인간적'이지 않다고 비아냥거리기도 한다. "과학이 모르는 것도 있잖아요. 아직 과학적으로 밝혀지지 않았다고 없는 건 아니잖아요"라는 말을 하며 사이비 과학, 사이비 심리학 이야기에 귀를 기울이기도 한다. 아직까지도 서점의 '심리학' 섹션에는 과학적 엄밀성이 거의 없이 단편적인 주관적 경험이나 잘못된 신념에 근거한 자기계발서나 정신분석서, 흥미 위주의 심리 풀이 책들이 즐비하다.

이쑤시개 하나를 찔러서 코끼리를 죽이는 방법에 대한 우스개 얘기를 들은 적이 있다. 무려 세 가지 방법이나 있는데, 첫 번째는 죽을 때까지 찌른다, 두 번째는 코끼리가 막 죽으려고 할 때 콕 찌른다. 마지막 방법은 찌르고 나서 죽을 때까지 기다린다는 것이다. 물론 웃자고 하는 재미있는 이야기이다. 하지만 우리 주변에는 마치 이런 '웃긴' 이야기를 사실처럼 정색하면서 이야기하고 다니거나 믿고 있는 사람들이 많다는 데 문제가 있다. 위 얘기에서 우리가 아는 것은 코끼리는 언젠가 죽는다는 것이고, 이쑤시개를 찌르는 것이 원인이 되어 코끼리가 죽는 결과가 생기는 인과관계는 없다는 점이다.

인과관계가 없는데도 마치 있는 것처럼 우리가 믿고 말하고 행동하는 것은 앞서 과학이 발달하기 전 기우제를 지내고 굿을 하는 예 말고도 아직까지 우리 주변에 널려 있다. 어떤 사람이 기도를 했더니 병이 나았다. 기도 때문이라고 믿고 싶겠지만 기도와 병이 낫는 것의 인과관계는 밝혀진 적이 없다. 나 역시 있다고 믿고 싶고, 정말 그랬으면 좋겠다. 하지만 객관적인 데이터는 없다는 말이다. 병이 나을 때까지 기도했고, 혹은 병이 막 나으려고 할 때 기도했고, 또는 기도하고 병이 나을 때까지 기다렸을 수 있다. 위의 예에 대입을 하면, 기도는 이쑤시개이고 병이 낫는 것은 코끼리가 죽는 것이다.

코끼리는 언젠가 죽는다. 하지만 위의 예에서 우리에게는 낫는 병이 있고 불치병도 있다. 기도해도 못 낫는 병이 있는 것이다. 따라서 우리는 기도해서 병이 나은 것만 생각하면 안 된다. 기도해도 병이 낫지 않은 무수한 사례들을 따져 봐야 한다. 혹자는 기도해서 불치병이 나은 사례를 들어 기도의 힘을 말하고 싶어 할 수도 있다. 어쩌면 불치병이 아닌데 잘못 진단되었거나 아직 우리가 모르는 다른 원인으로 나을 수도 있다. 하지만 그럴 가능성이 큼에도 불구하고 정말 기도하고 불치병이 나았다고 하자. 그렇다면 우리 주변에 기도하지 않았는데도 불치병으로 진단받은 사람이 나은 사례를 찾아보자. 아마도 그런 사례가 엄청 많이 있다는 것에 놀랄 것이다. 자신이 믿고 있는 신이 아닌 다른 신이나 우상에게 기도했는데도 나은 사례를 찾아보자. 그것 역시 많다. 그리고 병원에서 잘못 진단된 사례도 찾아보자. 정말 많다. 이 정도만 말하겠다.

여기서 필자가 강조하려는 것은 자신의 증명되지 않은 신념이나 믿음을 객관적인 자료나 증거들과 혼동해서는 안 된다는 것이다. 증명할 수 없는 종교적 신념이나 정치적 신념을 마치 객관적인 사실처럼 착각하는 일들이 우리 주변에는 너무도 많다. 여기서 나는 무엇을 참회하려고 하는가? 굿을 하고 기우제를 지낸 무지한 우리의 옛 모습처럼, 아직도 인간 마음 깊숙이 내재해 있는 비과학적이고 비논리적인 마음의 미신에서 이제는 제대로 참회하고 돌아서야 한다.

6. 마음에 대한 가장 큰 착각

인간의 의식이 발달하고 문명이 발달하면서 사람들은 사람들의 행동을 '마음'이라는 것으로 설명하기를 즐겨 했다. 착한 행동을 하면 그 사람은 착한 마음을 가졌기 때문이고, 나쁜 행동을 하면 나쁜 마음을 가졌기 때문이라고 생각한다. 어진 마음, 긍휼히 여기는 마음, 사랑하는 마음, 슬픈 마음, 교활한 마음, 정직한 마음, 똑똑한 마음, 인색한 마음 등등. 이렇게 생각하면 세상사를 설명하기 참 편하다. 어떤 사람이 다른 사람을 돕는다면 그 사람은 어질고 착한 마음을 갖고 있기 때문이라고 생각하면 된다. 그런데, 이 마음이라는 것이 도대체 우리 안에 어디에 있다는 말인가?

이제 우리는 우리의 생각이나 감정, 행동 등을 관장하는 것이 몸에 있는 뇌(brain)라는 기관이라는 것을 알고 있다. 우리 뇌를 보면(그림 참조), 제일 나중에 발달된 신피질이라는 것이 있고, 이 신피질은 크게 4개의 영역으로 나뉘어 있다. 그 4개의 영역을 각각 전두엽, 측두엽, 두정엽, 후두엽이라고 부른다. 그중에 맨 앞에 있는 전두엽이라는 영역은 다른 어떤 동물보다도 인간에게 가장 크고 잘 발달된 영역인데, 이 영역은 특히 어떤 일을 계획하고 스스로를 통제하고 다른 사람들과의 관계를 생각하고, 내 자신의 생각에 대해서도 생각하게 하는 기능을 한다. 어쩌면 이러한 전두엽의 기능으로 인하여, 우리는 자신뿐 아니라 다른 사람의 '마음'이 있다는 생각을 하게 되는지도 모르겠다.

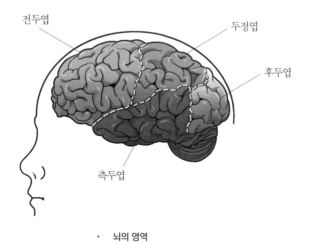

전두엽

두정엽

후두엽

측두엽

· 뇌의 영역

사실 생각이나 정서, 행동 등을 포함하는 *마음이란 것은 뇌활동(brain activity) 그 이상도 그 이하도 아니다.* 뇌의 활동 없이는 어떤 마음의 기능도 작동할 수 없다는 말이다. 아무튼, 우리의 뇌는 특이하게도 뇌의 활동으로 인한 정서나 기억, 생각, 행동 등을 일부(전체가 아님!) 모니터링하면서 그 활동의 결과값을 다시 생각하고 예상하는 일을 한다. 이러한 뇌의 활동(마음)에 대한 의식적 인식 때문에, 그리고 이러한 생각을 효율적으로 다른 사람에게 전달할 수 있는 언어 때문에 우리 인류는 그동안 많은 문화와 문명, 철학과 사상, 제도 등을 발달시켜 왔다.

하지만 동시에 인류는 커다란 착각을 하며 살아 왔다. 뇌에 대해서 알지 못했던 까닭에 뇌의 활동을 물리적이지 않은 순수 정신으로서의 마음이라고 생각했고, 이러한 정신이 몸과는 별개로 존재하여 설령 몸(뇌)이 죽어도 정신이나 영혼은 존재할 것이라는 생각을 했을 수도 있다.

기어 다니는 아기 때부터 우리 인간은 다른 사람의 행동이 그 사람의 내적인 마음에서 비롯된다는 가정을 하고 있으며• 말을 배우는 어린 시절부터 우리는 복잡한 생각들을 언어로 표현하면서 다른 사람들과 의사소통할 수 있다. 이 두 가지 특

● 이것을 심리학에서는 '마음 이론(theory of mind)'이라고 부른다.

성으로 인해 우리 인간에게 윤리와 종교가 생겨났는지도 모른 다(Johnson & Bering, 2006).

아무튼, 뇌를 떠난 마음은 있을 수 없다. 적어도 그런 마음이 있다는 증거는 전혀 없다. 대부분의 종교●가 현재의 몸과는 별개의 영혼이나 '나'의 존재를 가정하고 있는데, 이것의 뿌리는 잘 발달된 인간의 뇌 때문이다.

결국 고대 그리스 시대, 공자 맹자 때부터, 아니 그보다 훨씬 오래 전 인간의 의식이 생겨난 후부터 인류는 커다란 착각을 하고 살아 왔다. "모든 일은 마음먹기 달려 있다"라는 착각. 이 착각을 한마디로 얘기하면, 우리는 의식적인 생각이나 의도로 모든 일을 할 수 있고, 우리 행동의 원인은 우리가 생각하거나 의식할 수 있는 마음 때문이라는 착각이다. 마음이라

● 현대 종교가 생겨난 기원이나, 신의 존재, 내세가 있는지 없는지, 뭐 이런 질문들은 이 책의 범위를 벗어난 것이다. '신이 존재하는가?'는 매우 중요한 질문이긴 하지만 적어도 현재 과학으로는 답할 수 없는 질문이다. 혹은 현재까지 '신이 있다는 과학적 증거는 없다'고 말하는 것이 맞다. 누군가는 이렇게 말할 수도 있겠다. "신이 없다는 과학적 증거도 없지 않은가?" 없다는 것을 증명하는 것은 어렵다. 마치 죄가 없다는 것(무죄)를 증명하기 어려운 것처럼. 따라서 죄가 있다는 것(유죄)을 증명할 수 없다면 우리는 무죄라고 생각하는 것이다. 물론 신이 있다고 믿으면 그만이다. 믿음의 영역을 여기서 건드리지 않겠다. 물론 심리학자들은 사람들의 종교 행위 자체에 대해서는 얼마든지 과학적으로 연구할 수 있다. 무속 신앙부터 현대 종교에 이르기까지 사람들이 무엇인가를 믿으며, 숭배하는 행동의 과정이나 메커니즘, 원리 등에 대해 과학적 연구가 가능하다는 말이다.

는 것이 그 사람의 환경이나 경험과는 독립적으로 작용할 수 있으며, 의식적이고 의도적으로 작용하면서 행동을 바꿀 수 있다는 착각을 해 온 것이다.

하지만 인간에 대한 과학적 연구를 하면 할수록 밝혀지는 것은 인간의 마음과 행동이 그렇게 간단하지 않다는 점이다. 인간의 행동과 마음은 경험과 유전의 함수이다. 경험은 외부로부터의 정보를 받아들여서 처리하는 것, 외부 환경과 상호작용하는 것을 포함한다. 어떤 생각을 한다는 것은 경험을 통해 뇌에 저장된 정보를 이용하는 것이며 경험과 독립적일 수 없다. 또한 우리의 많은 행동과 마음은 우리의 의도와는 무관하게 또는 우리가 의식하지 못하는 사이에 형성되고 표출되기도 한다.

모든 것이 마음먹기에 달려 있다면 얼마나 좋을까? 하지만 오늘도 우리 주변의 너무도 많은 곳에서는 이와 비슷한 얘기들을 열변을 토해 가며 말하는 사람들과, 이 말을 믿고 생활하는 사람들이 너무도 많다. 바퀴벌레만 보면 기겁을 하는 아이에게 바퀴벌레는 무서운 것이 아니니 '무섭지 않다'고 마음먹으라고 해 보라. 그렇게 마음먹은 대로 되는가? 담배를 끊겠다고, 다이어트를 해야겠다고 마음먹은 대로 되는가? 설령 금연이나 다이어트에 성공했다고 하자. 그 사람들이 정말 그렇게 마음먹기 때문이고 의지가 강하기 때문이라고 생각하는가? 그렇게 자신이 자유자재로 통제할 수 있는 '마음먹기' 때문이라고 생각하는 것 자체가 착각이며, 이러한 우리의 행동에 숨겨진 메커니즘은 후에 다시 설명하기로 하겠다.

우리가 사는 이 땅이 둥글다는 사실을 객관적이고 체계적인 데이터가 있기 전에 믿기 어려웠던 것처럼, 오늘날 우주에서 찍은 둥근 지구의 모습을 보며 더 이상 지구가 평평한 대륙이고 그 끝은 낭떠러지가 있을 것이라 생각하는 사람은 없는 것처럼, 이제 마음에 대해서도 직관적이고 비과학적인 생각에서 벗어나 객관적이고 과학적 방법을 통해 얻어진 데이터를 들여다봐야 할 때가 되었다. 우리에게 통찰을 주는 인간에 대한 아주 멋진 말들이 있더라도 그 말이 지극히 개인적이고 단편적이고 상황에 따라 달라지는 일종의 말의 유희에 불과한 것인지, 아니면 정말 타당하고 신뢰가 가는 정보인지 이제는 과학이라는 체로 걸러서 구분할 필요가 있는 것이다.

7. 마음에 대한 과학적 접근

대학 시절부터 심리학을 전공한다고 하면, 사람들은 종종 이런 얘기를 한다. "아, 심리학 전공하시면, 제 마음을 좀 아시겠네요. 제가 무슨 생각하는지." 혹은 "아, 심리학 하신다니 조심해야겠네요." 아니, 심리학자를 무슨 점쟁이나 독심술을 하는 사람으로 생각한다는 말인가? 독자들에게 다시 강조하고 싶다. 심리학은 과학이다. *인간의 마음과 행동을 과학적으로 연구하는 학문이다.* 과학자는 객관적이고 체계적인 방법을 사용하여 얻은 경험적 데이터에 근거하여 이야기를 한다.

우리가 초·중·고등학교에서 흔히 과학을 배울 때 주된 대상이 되었던 것은 자연이었고, 물리나 화학, 생물학, 지구과학, 천문기상학 등이 대표적인 과학 영역이었다. 물체의 길이나 무게, 힘 등을 측정하거나 해당 물질이 산성인지 알칼리성인지

1부 과학으로 보는 마음

결정할 때 과학자들은 대부분의 과학자들이 동의하는 측정 도구를 가지고 해당 길이나 무게 등을 측정하면 된다.

가령 초등학교 1학년 교실에 있는 어떤 책상의 높이와 무게를 측정한다고 하면 우리는 일정한 오차 범위에서 통용되는 자나 저울을 이용해 측정할 수 있다. 이제 인간의 마음과 관련된 측정을 한다고 생각해 보자. 무슨 마음을 측정해 볼까? 일단 많은 사람들에게 친숙한 마음의 요소 중 하나인 '지능'을 측정한다고 생각해 보자.

길이나 무게처럼 대부분의 심리학자들이 동의하는 '지능'이라는 것이 있는가? 지능이 언어적 능력, 수리적 능력, 기억 능력, 지각 능력, 운동 능력 등으로 구성된 것이라고 많은 심리과학자들이 동의한다면, 다시 언어적 능력은 무엇으로 구성되어 있는가? 아무튼 좀 복잡하다는 생각이 든다. 그러면 좀 간단한 마음을 생각해 보자. 가령 어떤 사람의 성격이 상당히 난폭하고 공격적이라고 한다면, 그 난폭성이나 공격성 정도를 어떻게 측정할 수 있을까?

"물의 부피가 증가하면 그와 비례해서 무게도 증가하는가?"라는 질문에 대해 물리학자는 물 10리터, 20리터, 30리터 부피를 측정하고 각각의 부피일 때 무게를 측정하면 된다. 그렇다면 이제 마음을 연구하는 과학자에게 이런 질문을 한다고 해 보자. "아동이 폭력적인 만화영화나 게임에 많이 노출되면 그에 따라 아동은 점점 더 공격적이게 되는가?" 이 질문에 대답하기 위해서는 일단 '관찰'을 해야 하고 그와 관련된 자료(데이터)를 수집해야 한다. 그렇다면 여러분은 이 질문에 대답하기 위해 아주 구체적으로 어떤 일들을 하겠는가?

초등학교에 가서 아이들에게 폭력적인 만화 영화나 게임을 얼마나 자주 하는지 물어보고, 자신이 얼마나 공격적인지 물어보면 되겠는가? '폭력적인 만화 영화'는 어느 정도가 폭력적인 것인가? 칼이나 총이 나오고, 폭탄이 떨어져서 사람들이 다치고 죽는 정도인가? 아니면 손과 발로 서로 치고받고 하는 정도인가? 물리적으로는 아무런 폭력이 없지만 언어적으로 상처를 주고받는 정도인가? 아니면 「톰과 제리」에서 고양이 톰이 쥐 제리를 쫓아다니고 그러다가 다치게 되는 것도 폭력적이라고 할 수 있는가? 「동물의 왕국」에서 먹이 사슬이나 생존을 위한 포식자의 행동을 보게 되는 것도 폭력적인 장면에 노출되었다고 할 수 있는가?

그리고 아동이 얼마나 공격적인지에 대해서도 어떤 기준으로 '공격적'인 정도를 관찰하고 측정할 수 있을까? 폭력적인 장면에 노출 정도와 그에 따른 아동 및 청소년의 공격적 성향 정도를 객관적으로 정하고 측정하는 일 자체가 그리 쉽지만은 않아 보인다. 그렇다. 그 자체만으로도 어려운 문제이다. 그래서 과학자들은 이렇게 보려고 하는 요인(변인, variable)을 측정 가능하게 조작적으로 정의하면서 연구를 시작한다. 즉 어떤 질문에 들어간 주요 개념들을 연구하기 위해 측정 가능한 '조작적 정의(operational definition)'를 하는 것이다.

가령 "똑똑한 아이들은 운동을 잘 못하는가?"라는 질문에 대답하기 위해, '똑똑함'의 정도와 '운동 능력'의 정도를 측정해야 하는데, 이 두 개념에 대한 정의를 학자들이 모두 동의하게 할 수는 없더라도 적어도 어떤 연구에서 측정 가능한 정의를 하고 나서—예를 들면, 똑똑함의 정도를 현재 사용되고 있는 지능 검사(예, 웩슬러 지능검사)에서 나온 점수로 정의하고, 운동 능력 정도는 현재 사용되는 체력검정 등급점수 등으로 조작적으로 정의함—이 정의를 사용해서 연구했을 때 어느 정도 각 개념을 측정하고 있다고 인정받으면 되는 것이다.

모든 연구는 '타당성(validity)'과 '신뢰성(reliability)'을 갖추어야 하는데, 타당성이란 그 연구가 실제로 측정하려고 하는 것을 제대로 측정하는가의 문제이고, 신뢰성이란 측정 결과가 얼마나 일관성 있게 나오느냐의 문제이다. 독자들이 어렵다고 느낄 수도 있지만, 사실 알고 보면 간단하다. 수학 능력을 측정하는 도구가 수학 능력은 측정하지 않고 영어 능력을 측정하고 있다면 그 도구는 타당하지 않다. 측정하려고 하는 것을 제대로 측정하지 못하기 때문이다. 똑똑함의 정도를 지능 검사에서 나온 점수로 정의하는 것은 똑똑함이라는 개념에서 언어 능력이나 추리 능력, 수리 능력 등은 포함하고 있지만 창의력이나 정서적인 똑똑함은 측정하지 못한다는 점에서 타당성이 다소 낮을 수 있다. 하지만 연구자가 '똑똑함'을 측정 가능하도록 조작적 정의(여기서는 웩슬러 지능검사에서 나온 점수)를 하고 그 도구가 제한된 범위 안에서 타당하다고 인정된다면 얼마든지 연구는 가능하다.

아동들에게 이처럼 지능검사를 실시해서 나온 점수가 아동들의 똑똑함 정도를 전부는 아니더라도 일정 부분 측정했다면(즉 어느 정도 타당성이 있다면), 이 지능 검사 점수는 다시 신뢰성이 있는지 보아야 한다. 신뢰성이란 한마디로 일관된 결과가 나오느냐의 문제이다. 오늘 측정한 지능 검사 점수가 내일 측정할 때 달라지고 다시 모레 측정할 때 달라진다면 일관성 없는 것이고 신뢰할 수 없는 것이다. 다행히도 우리가 사용하는 '표준화된' 검사들은 각각 이 측정 도구들이 얼마나 신뢰할 수 있는지 사전 연구를 통해 수치로 알려 주고 있다.

과학적인 연구나 더 넓게 어떤 질문에 과학적인 대답을 하기 위해서는 타당성과 신뢰성을 늘 고려하는 것이 습관화되어야 한다. 폭력적인 장면에 노출되는 정도에 따라 아동이 더 공격적으로 되는지 알아보기 위해서는 폭력적인 장면을 먼저 조작적으로 정의해야 하고 공격 성향 정도도 측정 가능하게, 그러면서도 타당성과 신뢰성이 있도록 만드는 것이 필요하다.

자, 이제 다시 처음 질문으로 돌아가서, 우리가 아동이 폭력적인 장면에 노출된 정도를 측정할 수 있다고 하자. 가령 아동들에게 지난 일주일 동안 어떤 프로를 얼마나 시청했고, 어떤 게임을 얼마나 했는지 알아보고, 각 프로에 대한 폭력성 정도를 전문가가 정한 폭력성 등급을 사용하여 점수화시킬 수 있다(예컨대, 각 TV프로그램이나 게임의 폭력성 등급에 따라 0점부터 4점까지 점수를 매기고 각 매체에 노출된 시간을 곱하여 모두 더하는 방식). 또한 아동의 공격적 성향에 대해서도 표준화된 공격성 측정 도구를 사용하거나 부모나 학교 선생님들을 상대로 표준화된 질문지를 사용하여 아동의 공격성 정도를 병행하여 측정할 수 있다.

이렇게 알아보려는 주요 요인(변인)들을 조작적으로 정의해서 측정하고 이 두 변인들 간의 관계를 알아보니, "폭력적인 TV프로그램이나 게임에 많이 노출된 아동들일수록 더 공격적인 성향이나 행동을 보인다"는 연구 결과를 얻었다고 하자. 그렇다면, 이러한 결과에 대해 우리는 어떤 추측을 할 수 있고, 어떤 결론을 내릴 수 있는가? 아이들이 폭력적인 TV프로 그램을 못 보게 하고 폭력적인 게임도 하지 못하게 하겠는가? 그런 폭력적인 장면에 노출되면 아이들이 더욱 공격적으로 변할 것이라 생각하기 때문인가? 가령 "한 대학 연구팀이 공격적이고 폭행을 일삼는 청소년들을 조사해 보니, 이들은 다른 평범한 학생들에 비해 주로 폭력적이고 잔인한 게임을 즐기는 것으로 나타남"이라는 기사를 보면 여러분은 어떤 결론을 내리는가?

마음에 대해 과학적으로 접근하고 이해하려면, 우선 위의 예를 곰곰이 생각해 보고, 위의 연구 결과에 대해 우리가 *아는 것과 모르는 것을 구분*해 낼 수 있어야 한다. 위 연구 결과는 폭력적인 장면에 노출된 정도에 따라 공격성이 양적(플러스)으로 상관이 있다는 것이다. 그리고 그 *이유는 모른다.* 폭력적인 장면에 많이 노출되었기 때문에 아동이 공격적으로 변한 것인지, 아니면 공격적인 성향이 높은 아동일수록 폭력적인 장면을 많이 보고 즐기는 것인지 모른다는 말이다.

위에서 타당성과 신뢰성에 대해 매우 간단하게 언급했지만, 사실 타당성과 신뢰성은 매우 중요한 개념이다. 과학적 연구뿐 아니라 우리 일상의 문제들을 생각하고 논의할 때에도 중요하게 고려해야 할 개념들이다. 어떤 사람이 정의로운 행동을 한

　　　　　　　　　　　　　　　　　1부 과학으로 보는 마음

다고 말하면서 정의롭지 않은 행동을 일관성 있게 한다면, 이 사람의 행동은 타당성이 낮고 신뢰성은 높다고 할 수 있다(위에서 언급했듯이, 일관성이 높으면 과학적인 개념인 신뢰성은 높아진다). 타당성과 신뢰성은 서로 독립적이다.* 타당성과 신뢰성 각각은 과학적 연구에서 여러 하위 유형들이 있는데, 관심이 있는 독자들은 사회과학 연구 방법과 관련된 서적을 찾아보기를 권한다.

아무튼, 일반인들이 과학적 엄밀성에 대해 배우고 생각할 기회는 많지 않다. 그나마 TV와 같은 대중매체들에서 과학자들이 나와 설명하는 장면을 보는 것이 대부분일 것이고, 더 많은 시청자들은 과학자들이 나오면 채널을 돌려 버릴 것이다. 시청률로 먹고 사는 TV이다 보니 과학적 엄밀성보다는 재미있고 충격적인 발견만이 전파를 탄다.

나 역시 대중매체와 인터뷰를 하면서 곤혹스러운 것 중 하나는, 기자나 피디들이 어떤 현상들을 설명해 달라면서 단정적이고 확정적인 결론을 요구하는 것이다. 하지만 심리학자들은 자신의 연구이든 이미 수행된 연구이든 간에 확률적인 가능성을 갖고 얘기할 수밖에 없다. 왜냐하면 데이터에 근거한

● 여기서 독립적이라는 말은 타당성과 신뢰성이라는 개념이 서로 영향을 주면서 존재하는 개념이 아니라는 의미이다. 즉 타당성이 높으면 신뢰성도 저절로 같이 높아지는 것은 아니다.

결론은 대개 귀납적인 추론을 통해서 하기 때문이다. 통계 분석 역시 귀납적인 방법이다. 따라서 연구자는 연구를 통해 어떤 결론의 가능성을 높이는 것이고, 그 결론에 대한 예외도 얼마든지 있을 수 있음을 안다. 하지만, 신문이나 방송, 대중매체는 "이럴 가능성이 높습니다. 하지만 다른 가능성도 있고, 예외도 있을 수 있습니다"라는 말을 싫어한다.

이 책을 읽는 독자들은 대중매체의 이러한 속성과, 대중을 상대로 화려한 이야기를 뱉어 내는 우리의 '친근한 전문가'들(특히 단정적이고 솔깃하거나 파격적인 말을 할수록 대중들은 재미있어 하고, 대중매체와 우리의 친근한 전문가들은 그것을 다시 이용한다)이 모두 솔직한 것은 아니라는 점을 생각해서, 말을 '걸러서' 들을 필요가 있음을 알아야 한다. 사실 대부분의 학자들은 묵묵히 새로운 학문적 증거들을 찾고, 새로운 연구 결과물들을 전문 학술지에 싣는 데 대부분의 시간을 사용하고 있다. 그리고 그것이 학문의 발전을 가져온다! 대중들은 그런 걸 잘 모른다. 그리고 그게 별로 중요하지 않다. 그냥 유명 대학의 교수나 박사라는 사람이 내 입맛에 맞게 얘기해 주면 그만이니까.

8. 과학의 탈을 쓴 말장난들

마술사가 자신을 마술사라 소개하고 마술을 보이는 것과, 비슷한 마술을 보여 주면서 마술이 아니라 초능력이라고 얘기하는 것은 하늘과 땅 차이이다. 마찬가지로, 마음에 대해 예술가나 작가들이 직관적이고 사적인 경험들을 표현하는 것은 대중들이 즐기면 되고 개인적으로 느끼면 그만이다. 하지만 마음을 과학적으로 연구하는 심리학자의 입에서 객관적이고 과학적인 방법을 통해 검증되지 않은 마음에 대한 이야기를 마치 사실인 양 이야기하는 것은 과학과 심리학에 대한 모독이며 대중을 속이는 일이다.*

● 과학으로서의 심리학의 모습을 좀 더 이해하고자 하는 독자가 있다면 『심리학의 오해』 (신현정 역, 2010)라는 책을 읽어 보기를 권한다.

최근 들어서 '과학'이라는 가면을 쓰고 인간의 마음이나 영성 등에 대해 자기계발적인 책들과 말들을 쏟아내는 사람들이 많이 보인다. 이들은 '세계적 베스트셀러'나 '영성계 수퍼스타'라는 화려한 수식어를 사용해 가며 대중들을 현혹한다. 과학적으로 검증 불가능하거나 검증되지 않은 자신의 주장에 심리학이나 신경과학, 의학 등 과학 분야에서 밝혀진 몇몇 발견들을 일부 사용하면서 자기 주장이 이처럼 '과학적'이라고 주장하기도 한다. 새로운 과학적 실험이나 연구 없이 자신의 통찰(?)을 지지해 주는 사례들만 가지고 새로운 진리를 발견한 것처럼 사람들에게 "이렇게 하면 행복해진다", "이것을 깨달으면 건강해진다"고 떠들어 대고 있다. 무지한 대중들은 알 듯 모를 듯한 말들에 뭔가 심오한 지혜가 있다고 믿으며 현혹되고 있는 것이 아직까지 우리 마음 과학의 슬픈 현실이다.

과학의 목적은 무엇인가? 사람들에 따라서는 과학적 발견을 통해 인류의 평화와 발전에 기여하는 등의 가치적 목적을 이야기할 수도 있지만, 가치중립적인 *과학의 목적은 어떤 현상을 있는 그대로 기술(記述, describe)하고 설명하고 예측하는 것*이다. 인간의 행동을 있는 그대로 정확하게 기술하고 그 이유를 설명하고 예측하기 위해서는 정교한 측정과 정교한 (실험) 연구가 필요하다. 통제되지 않은 일상생활에서 어떤 대상의 몇 가지 측면만 보고 이러쿵저러쿵 얘기하는 것은 위에서 말한 직관이나 상식을 얘기하는 것이나 다름없으며, 제대로 된 과학자일수록 대중이 원하는 단언적인 얘기를 피할 수밖에 없다.

아무리 명문 대학 박사를 받고, 현재 교수거나 의사면 뭐하겠는가? 수십 권의 자기계발서 책을 출판하고, 대중매체가 세계적인 아이콘이라 떠들어 대고, 많은 대중들이 몰려다니는 유명 강연자면 뭐하겠는가? 주장하는 바는 전혀 과학적 엄밀성과 객관성이 결여된 부흥 강사나 사이비 교주와 같은 말들만 쏟아 낸다. 여러분은 그 사람의 타이틀이나 대중 인기를 믿고 그 권위에 따라 지식을 얻겠는가 말이다. 그런 책을 보고 그런 강연을 들으면서 헛된 지식을 얻고 잘못된 신념을 갖느니 차라리 재미있는 만화책을 읽으며 낄낄거리는 것이 낫다.

신문이나 방송에서 아무리 유명한 학자고 유명 대학 교수라고 해도, 인간의 심리 상태를 과학적 연구 없이 이야기한다면 이미 과학자나 심리학자이기를 포기한 것이나 다름없다. 혹은 과학적 연구 중 부분적인 자료를 자신의 주장과 일치하는 부분만 편파적으로 사용해도 대중들은 잘 알지 못한다. 대중들의 관심과 흥미에 편승하여 검증 불가능한 사례 연구나, 인과관계를 말할 수 없는 단순 조사 연구를 부풀려 일반화된 이론을 애기하고 떠든다면 그 사람은 그냥 엔터테이너이지 과학자는 아니다. 연구 방법에 따라 얘기할 수 있는 것과 얘기해서는 안 되는 것도 구별하지 못하는 사람이거나 혹은 알고 있지만 대중을 속이는 자이다.

연구 방법에 따라 결과를 달리 해석해야 하는 예들을 조금 더 얘기하면서 이 책의 1부를 마무리 짓겠다.

한 대학에서 학생들의 도시 대 시골 출신 지역에 따른 학업 성취도를 조사했더니 시골 출신 학생들의 대학 성적이 매우 높게 나왔다는 조사 결과를 발표했다고 하자. 만일 그 대학이 소위 명문대학이라면 아마도 일간 신문들이 이 사실을 기사화하고 전문가들의 의견을 곁들여 장황하게 그 이유를 늘어놓게 될 것이다. 마치 그 조사 결과가 예상했던 것처럼, 열악한 환경에서도 대학에 진학한 학생들이 사교육이 없어진 대학에서는 원래 실력을 발휘했기 때문이고, 시골에서 건강하게 자라고 혼자의 힘으로만 공부했던 습관 때문일 것이라 떠들어 댈 수 있다. 더 나아가 앞으로는 지역 균형, 농어촌 학생 선발을 높이고, 취약한 환경에 있는 학생들에게 가산점을 더 부여해서 더 많이 선발해야 한다는 주장도 나올 수 있다.

하지만, 그러한 발표가 있고 며칠 후 해당 대학이 조사 결과 발표에 오류가 있었고, 실제로는 시골 출신 학생들보다 도시 출신 학생들의 학업 성취도가 훨씬 높게 나왔다고 정정 발표를 했다면 어떻게 될까? 다시 사람들은, 마치 예상했던 결과인 양, 역시 도시 출신 학생들이 학업 환경도 우수하고 기초가 튼튼하여 높은 성적을 받는 것이 이상한 일이 아닌 것처럼 해석을 할 것이다. 물론 처음에 조금 당황은 하겠지만…….

여기서 하고 싶은 얘기는 정말 어느 지역 출신 학생들이 대학에서 공부를 잘하냐, 못하냐 따지려는 것이 아니다. 위의 연구가 실제로 진행되었다면, 그 연구 결과를 통해 우리가 무엇을 알 수 있고 무엇을 알 수 없느냐는 것이다. 그리고 우리는 얼마나 그럴 듯한 설명을 잘 만들어 내고 그 설명에 더 이상 의심하지 않은 채 만족해 버리는 바보가 될 수 있는지 깨닫게 하기 위한 것이다.

출신 지역에 따라서 학업성취도가 달리 나왔다면, 그것이 전부이다. 달리 나온 이유는 이 연구로 알 수 없다. 즉 출신 지역의 차이때문에 학업 성취도가 차이 났다는 인과관계는 이야기할 수 없다. 출신 지역(시골 대 도시) 외에 다른 요인들, 예컨대 소득 수준이나 부모의 학력, 성별, 나이를 넣어서 학업 성취도와의 관계를 조사해도 마찬가지다. 이 중 어느 요인이 학업 성취도와 높은 상관이 있다고 해서 그것이 원인이 된다고 말할 수 없다.* 부모의 학력이 높을수록 그 자녀의 대학 성적이 높고, 이러한 상관관계가 매우 높게 나왔다고 해서, 부모의 학력 때문에 자녀의 대학 성적이 높은 것은 아닐 수 있다(물론 실제로 그럴 수도 있지만, 이러한 연구는 그런 결론을 내릴 수 없다는 것이다).

데이비드 마틴이 쓴 『심리학 실험법(*Doing Psychology Experiments*)』은 필자가 15년 동안 강의해 온 '심리학의 실험연구 방법'이라는 강좌에서 주 교재로 사용해 왔고, 현재도 미국의 많은 심리학과에서 학부 교재로 사용하고 있다. 그 책에 이런 예가 나온다. 미 육군에서 오토바이 사고와 상관관계가 높을 것으로 예상되는 여러 요인들을 조사해서 각 요인들 간의 상관관계를 알아보았다. 조사 대상자의 나이, 성별, 사회경제적 수준 등등. 그런데 가장 상관관계가 높은 요인은 오토바이 운전자에게 있는 문신의 크기라는 연구 결과가 나왔다.

문신의 크기 때문에 오토바이 사고가 일어나는가? 지금이라도 누구든지 문신을 크게 하면 오토바이 사고가 일어날 가능성이 커지는가? 두 요인 간에 인과관계가 있다고 생각하는

● 상관연구는 인과관계를 밝힐 수 없다! 오직 정교한 실험연구만이 인과관계를 밝힐 수 있다. 실험연구가 되기 위해서는 적절한 통제와 독립변인의 각 수준에 참가자들이 무선할당(random assignment)되는 등의 조건이 충족되어야 하는데, 연구 방법에 더 관심이 있는 독자들은 데이비드 마틴의 『심리학실험법』이라는 책을 읽어 보길 권한다.

독자들은 없을 것이다. 비록 두 요인, 즉 오토바이 사고와 문신의 크기 간에 상관관계는 높지만, 상관연구라고 불리는 이 연구는 태생적으로 인과관계를 밝힐 수 없다. 이 연구에서 많은 독자들은 아마도 오토바이 사고와 문신의 크기에 모두 영향을 주는 보이지 않는 *제3의 요인*을 생각해 냈을 수도 있다. 가령 모험을 즐기고 파격적인 것을 선호하는 경향성 같은 요인. 그래서 오토바이도 위험하게 운전하고 자신의 몸에도 커다란 문신을 새기기 좋아하는 성향 때문에 이 두 요인이 높은 상관을 보였다고 생각할 수 있다. 어쨌든, 중요한 것은 우리가 그 제3의 요인을 생각해 낼 수 있든 없든 간에, 혹은 두 요인 간의 인과관계가 있을 가능성이 있든 없든 간에 상관연구를 통해 인과적 결론을 내리는 것은 매우 위험하다는 것이다.

흡연의 양과 폐암 발병 간 상관연구의 예를 생각해 보자. 40세에서 60세 사이 2만 명을 무작위로 표집하여 이들이 하루에 피우는 담배의 양과 폐암 발생 간에 높은 양(플러스)의 상관관계가 나왔다고 하면, 이 연구 결과는 흡연이 폐암을 일으키는 원인이 된다는 증거가 되는가?

혹은 좀 더 발전된 연구를 하여, 모두 건강하고 비슷한 사회경제적 수준과 교육 수준, 비슷한 주거 환경에 있는 20대 대학생들을 대상으로 표집하자. 한 집단은 담배를 하루에 한 갑 이상 피우는 사람들로, 나머지 다른 집단은 담배를 전혀 피우지 않는 사람들로 각각 만 명씩 모아서 이들을 50년 동안 관찰하면서 폐암 발병 여부를 조사한다고 하자. 연구 결과, 담배를 피웠던 집단에서 그렇지 않은 집단에 비해 약 3배 이상 폐암 발병율이 높았다면, 우리는 흡연이 폐암의 원인이라고 말할 수 있는가?

결론부터 얘기하자면, 두 연구 모두 흡연과 폐암의 인과관계는 밝힐 수 없는 연구이다. 이유는 간단하다. 두 연구 방법 모두 실험연구가 아니기 때문이다. 오토바이 사고와 문신의 크기는 인과관계가 될 수 없다는 것을 우리는 쉽게 알 수 있다. 하지만, 흡연과 폐암의 관계는 그동안 많이 들어 왔고, 이 연구에서 달리 제3의 변인을 생각해 내기가 쉽지 않기 때문에 우리는 연구 방법의 한계를 생각하지 않고 쉽게 인과관계를 말하고 싶어 한다. 하지만 인과관계를 얘기하는 순간 당신은 과학을 모르는 무식한 사람이 된다. 다시 부드럽게 말하자면, 이런 연구 결과를 통해 인과적 관계가 있다고 결론 내리는 것은 과학적으로 타당한 결론이 아니라는 것이다.

우리가 쉽게 제3의 변인을 생각할 수 있든 없든 그것이 문제가 아니다. 위의 연구를 통해 알 수 있는 것은 단지 흡연과 폐암 발생이 높은 상관관계를 갖는다는 것이고, 폐암의 원인이 되는 것은 흡연이거나 흡연과 관련 있거나 관련 없는 다른 요인일 수 있다는 정도이다. 어쩌면 오토바이 사고와 문신의 예처럼 제3의 요인일 수도 있다. 가령 스트레스에 약한 개인적 성향이나 신경이 예민한 사람들이 폐암에 많이 걸리고 흡연에 많이 의존하는 것일 수도 있다.

그러면 인과관계를 밝힐 수 있는 실험연구는 어떻게 하는가? 위의 예에서 폐암과 흡연 간의 인과관계를 밝힐 수 있는 실험연구가 되기 위한 필수 조건은 각 참가자들을 흡연 집단이나 비흡연 집단에 무작위(random)로 배정하는 것인데(이를 무선할당이라고 부르기도 함), 이렇게 무작위 배정한 후 흡연 집단에 속한 사람들에게는 담배를 50년 동안 하루에 한 갑 이상 피우게 하고, 비흡연 집단에 속한 사람들에게는 담배를 50년간 피우지 못하게 하면서 관찰한다. 즉 위에서처럼 이미 담배를 피워 왔던 사람과 피우지 않는 사람으로 집단을 구성하여 관찰하는 것은 이 두 집단 간에 폐암 발병률의 차이가 흡연 때문인지 아니면 원래 이 두 집단이 갖고 있던 흡연과 관련된 개인적 성향 때문인지 알 수 없다는 것이다.

따라서 흡연과 비흡연으로 두 집단을 배정할 때, 누구든 상관없이 무작위로 배정하면 이런 문제가 해결되고, '실험연구'

가 된다.* 하지만 이러한 연구는 윤리적인 문제로 실생활에서 수행하기 불가능하다(인간을 대상으로 하는 연구들은 대학이나 병원에서 만든 생명윤리심의위원회**라는 곳에서 윤리적인 문제를 미리 심사 받도록 법으로 규정하고 있다). 그래서 아직도 인간을 대상으로 한 연구에서 흡연이 폐암의 원인이 된다는 것을 증명한 연구는 없으며, 따라서 법정에서도 계속 논란이 되고 있다.

인과관계를 밝히려면 실험연구를 해야 하는데, 흡연과 폐암의 인과관계를 밝히기 위해 인간을 대상으로 실험을 할 수 없는 상황이라면 어떻게 해야 하나? 그렇다. 동물 실험을 하면 된다. 쥐 100마리를 대상으로 50마리를 흡연 집단(실험집단)에, 나머지 50마리를 비흡연 집단(통제집단)에 무작위로 배정하고, 담배연기 유무 이외에 나머지 모든 조건들(먹이나 물, 기온과 습도 조명 등등)은 동일하게 유지하면서, 담배연기를 마신 쥐들과

● 실험 설계에서 다른 조건은 모두 같지만 실험집단과 통제집단을 무작위로 배정할 수 있으면 실험연구가 되고, 그렇지 못하면 준실험(Quasi-Experimental) 연구가 된다. 준실험 연구도 인과관계를 얘기할 때에는 제약이 따를 수밖에 없다.

●● 생명윤리위원회라고도 부르고, 영어로는 Institutional Review Board, 줄여서 IRB라고 부른다. IRB는 인간을 대상으로 연구하는 연구자들이 있는 곳, 즉 대학이나 병원, 정부 연구소나 민간 연구소에 설치되어 있으며, 이곳에서는 단순한 설문조사를 비롯하여 인체 실험, 혈액이나 세포와 같은 인체 유래물을 이용한 연구, 인간의 행동을 관찰하거나 실험하는 모든 연구들에 대해 연구를 시작하기 전 미리 연구의 윤리적 문제를 심사하며, 이곳에서 승인된 연구에 한하여 연구를 진행하도록 권장하고 있다.

그렇지 않은 쥐들에게서 얼마나 폐암 발병이 달리 일어나는지 측정하면 된다.

이런 종류의 동물 실험은 여러 차례 보고되었고, 실험 결과는 담배 연기에 많이 노출된 쥐들(실험집단)이 그렇지 않은 쥐들에 비해 폐암 발병률이 높음을 보고하고 있다. 그럼 이제 인과관계가 밝혀졌으니, 인간의 흡연도 폐암 발병에 원인이 된다고 얘기할 수 있는 것 아니냐고 생각할 수도 있다. 하지만 나의 대답은 "그래도 모른다"이다. 이유는 간단하다. 인간이 쥐가 아니기 때문이다. 즉 쥐 실험을 통해 밝혀진 흡연과 폐암의 인과관계를 인간에게도 적용시킬 수 있는지 아직 모른다는 것이다.

과학적 연구에서 종속변인의 변화(위 예에서 폐암 발병)가 독립변인(흡연 여부) 때문인지 아니면 다른 요인 때문인지를 묻는 문제는 매우 중요하며, 과학자들은 이를 타당성 중에서도 '내적 타당성(internal validity)'이라고 부른다. 또한 과학자들은 특정한 조건에서 특정한 피험자들을 통해 얻은 실험 결과를 얼마나 다른 사람들에게 일반화시킬 수 있는지 생각해야 하는데, 이를 '외적 타당성(external validity)'이라고 부른다. 비록 동물 실험을 통해 내적 타당성 정도가 높은 연구를 수행했다고 해도, 그 연구 결과를 인간에게 일반화할 수 있는지 묻는 외적 타당성의 문제는 여전히 풀기 어렵다는 말이다.

지금까지 마음을 이해하는 과학적 방법의 중요성을 이야기하였다. 인간의 마음에 대해 과학이 전부이고, 비과학은 모두 무용지물인 것처럼 필자가 주장한다고 생각하는 독자가 있다면(없기를 바라지만) 그것은 큰 오해이다. 훌륭한 문학, 예술 작품을 통해 우리는 인간의 마음에 대한 다양한 모습과 심오한 통찰을 얻는다. 작가의 주관적 경험과 신념을 문학이나 예술을 통해 표현할 때에 그것을 비과학적이라고 비판하는 것은 그야말로 넌센스다. 필자가 강조해 온 것은 바로 '과학의 탈을 쓴 말장난'을 경계해야 한다는 것이고, 이를 위해서는 기초적인 과학적 방법들에 대한 이해가 있어야 한다는 것이다.

자신의 검증되지 않은 주관적 신념을 이야기하면서 이를 과학적이고 객관적인 것으로 포장하여 늘어놓는 일들은 우리 주변에 너무도 많다. 마술사가 눈을 가리고도 앞에 있는 카드가 무엇인지 맞추면 관객은 그것을 즐기며 박수를 칠 수 있다. 관객이 알기 어려운 트릭을 통해 알아맞춘 것이다. 하지만 눈을 가리고도 앞에 있는 카드를 '초능력'을 통해 알아맞추었다고 주장한다면, 얘기는 달라진다. 뭔가 신비롭고 기적적인 초능력을 믿고 싶어 하는 대중을 현혹하여 사기를 치고 있는 것이다(참고로, 투시니 텔레파시니 하는 초능력이 있다는 과학적 증거는 현재까지 없다).

2부

알 수 있는 마음과 알 수 없는 마음

9. 마음 과학의 시작

마음의 시작은 보는 것에서부터 시작한다. 좀 더 정확하게 말하면, 마음은 보고, 듣고, 맛보고, 냄새 맡고, 피부로 느끼는 '감각'에서 시작한다. 필자는 *마음이* 마음의 기관인 *뇌의 활동*이라고 앞서 얘기한 바 있다. 뇌는 감각기관으로부터 '정보'를 받아들여서 일차적으로 처리하는 영역들이 있고, 이들 정보들을 처리하면서 마음이 시작된다. 정보를 처리한다는 것이 무슨 말인지는 나중에 다시 설명하겠지만, 뇌의 일차적인 감각피질이 감각 정보를 받아 더 상위 영역으로 정보를 전달하면서 우리의 마음이 생겨난다는 말이다.

여러분은 지금 책을 읽으면서 지식을 얻고 있다. 즉 보는 것을 통해 마음이 만들어지고 변화되고 있는 것이다. '보는 마음'을 우리는 아는가? 보면서 알고 있다고 생각하면 정말 알고 있는 것인가? 뭔 뜬구름 잡는 질문을 갑자기 하느냐고 짜증 부릴 독자를 위해 좀 더 구체적으로 질문하자면, 여러분은 여러분의 눈을 통해 지각된(perceived) 것에 대해 모두 의식(혹은 자각, be aware of)하고 있느냐는 말이다.

자신의 눈에 병이 나서 허공에 벌레가 날아가는 듯한 착각을 한다고 가정하자. 자신에게는 보이지만 다른 사람에게 보이지 않는다면 우리는 자신의 눈에 문제가 있는 것이고, 실제로 허공에 벌레는 없다는 결론을 내릴 수 있다. 하지만 모든 사람들이 벌레를 보게 되는 상황이라면 어떠한가? 벌레가 있는 것인가? 벌레의 실체를 모든 사람들이 함께 지각하는 것으로 증명할 수 있는가?

여기서 철학적인 문제를 논하지는 않겠다. 다만 우리가 지각하는 것만으로 실체가 증명되지 않는 예를 통해 마음의 작동 원리를 소개하고자 한다.

　　　　　　　　　　　　　2부 알 수 있는 마음과 알 수 없는 마음

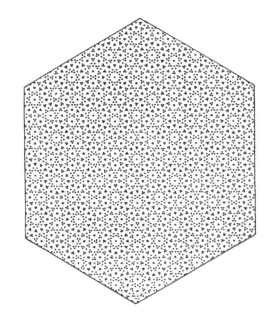

　위의 그림을 보자. 무엇이 보이는가? 여러 군집들이 모여 작은 원도 보이고, 큰 원도 보이고, 네모나 타원 같은 것들이 서로 군집화(grouping)되어 보이면서 어떤 것이 앞서거니 뒤서거니 하며 서로 경쟁하는 듯 보인다. 이러한 현상은 우리 시각정보처리의 중요한 단면을 보여 주지만, 이는 시각에만 일어나는 일이 아니다. 우리 마음에도 이런 비슷한 일들이 일어난다. 개

별적인 많은 일들을 의미 있게 이렇게도 묶어 보고, 저렇게도 묶어 보고, 어떤 것이 더 중요하게 보였다가도 다시 다른 것이 중요하게 보이기도 한다.

· 네 개의 원이 있는 두 그림 (출처 : Anderson & Winawer, 2005)

위의 그림을 보자. 왼쪽에는 하늘에 마치 네 개의 검은 해가 떠 있는 것 같이 보인다. 오른쪽 그림에는 어두운 하늘에 네 개의 해나 달이 나란히 떠 있는 것처럼 보인다. 다시 말하자면, 왼쪽 그림의 네 개의 원은 어둡고, 오른쪽 그림의 네 개의 원은 밝다. 이 두 그림 각각에 있는 네 개의 원들이 그렇게 보인다는 말이고 그렇게 지각된다는 말이다. 하지만 사실을 말하자면, 두 그림에 있는 네 개의 원은 물리적으로 동일한 밝기를 하고 있다. 무슨 말을 하고 있냐고? 말 그대로다. 두 그림

　　　　　　　　　　　　　2부·알 수 있는 마음과 알 수 없는 마음

의 네 개의 원은 물리적으로 동일한 것이다. 당신의 눈을 믿고, 내 말을 못 믿겠는가? 혹시 그럴까봐, 두 그림에서 네 개의 원을 제외한 나머지 배경을 모두 지워버린 그림을 아래에 만들어 보았다. 이제 배경을 모두 지운 네 개의 원을 비교해 보라. 동일한 원임을 확인할 수 있을 것이다. 이렇게 동일한 원들이 어떤 배경 속에서 제시되느냐에 따라 위의 그림처럼 달라 보이는 것이다.

· 배경이 사라진 네 개의 원

이 착시는 누구에게나 생긴다. 앞서 배경이 있는 두 개의 그림에서 네 개의 원이 같은 것이라고 지각하는 사람은 거의 없다. 모든 사람들이 다르다고 지각한다고 해서 네 개의 원이 다른 것임을 증명할 수 없음을 극명하게 보여주는 예인 것이다.

독자들은 단순히 신기한 착시 현상 하나에 재미를 느낄 수도 있다. 하지만 이러한 현상을 소개하는 이유는 여러분이 보

는 것이 세상에 있는 그대로를 보는 것이 아니라는 점을 알려
주기 위함이다. 그 정도는 나도 이미 안다고 생각하는 독자들
이 많을 것이다. 다행이다. 하지만 이러한 현상이 우리의 일상
생활에서 자신도 모르는 사이에 얼마나 광범위하게 발생되고
적용되는지 많은 사람들이 미처 깨닫지 못한다. 단순히 '보는
것'에서 나타나는 상대성으로 인한 왜곡은 우리가 일상생활에
서 느끼고 생각하는 대부분 마음에 적용된다. 마음의 상대성
과 관련해서는 나중에 좀 더 언급하겠다.

　이제 다른 현상 하나를 같이해 보자.

　왼쪽 눈을 감고, 오른쪽 눈만으로 아래의 왼쪽 점을 보라.
계속 왼쪽 점을 보면서 책을 눈으로부터 약 20~25cm 떨어진
곳에서 보게 되면 오른쪽 자동차가 보이지 않게 된다(눈은 계속
왼쪽 점을 보고 있어야 함). 자동차만 보이지 않는 것이 아니라, 자
동차의 위치에 여러분의 손가락을 갖다 놓아도 안 보이고 손가
락을 까딱까딱 움직여도 보이지 않는다(독자들은 정말 자신의 손
가락 끝을 자동차 위에 올려놓고 움직여 보라). 왜 그럴까? 많은 사람

●

· 하얀 배경의 맹점

　　　　　　　　　　　　　2부 알 수 있는 마음과 알 수 없는 마음

들이 알고 있듯이 자동차의 상이 우리 눈의 맹점(blind spot)에 맺히기 때문이며, 우리 눈의 맹점에는 어떤 빛이 떨어져도 볼 수 없기 때문이다.

이 그림을 보여 준 이유는 단순히 여러분의 맹점을 확인시키기 위해서가 아니라, 우리는 자신의 맹점이 있다는 사실을 이렇게 특정한 자극을 사용해서 확인시켜 줄 때까지 알지 못한다는 것을 강조하고 싶기 때문이다. 오른쪽 눈에도 보이지 않는 영역(맹점)이 있고, 왼쪽 눈에도 그런 영역이 있다. 하지만 우리는 각 눈을 통해 어떤 영역이 보이지 않는지 일상생활을 하면서 전혀 느끼지 못한다.

그리고 한 가지 더! 안 보이는 부분이 검게 보이는가? 아니면 회색으로? 도대체 '안 보인다'는 것이 어떻게 보이길래 '안 보인다'고 알게 되었나? 자동차가 사라졌기 때문인가? 맹점과 관련된 재미있는 사실은 맹점에서 물체가 단순히 '사라진 것'이 아니라, 우리는 주변의 정보를 그 안 보이는 부분(맹점)에 채워 넣고 있다는 것이다. 즉 위의 그림에서 자동차는 비록 보이지 않지만, 보이지 않는 영역을 주변 색으로 채워 넣는 것이다. 그러니 다음에 나오는 그림을 위와 같은 방식으로 보게 되면, 자동차가 없어진 부분이 까맣게 보이는 것은 당연하다. 만일 전체 배경이 체크무늬로 되어 있으면 어떻게 될까? 자동차

· 검은 배경의 맹점

가 사라진 부분이 체크무늬로 보일 것이다.

위의 예시들은 우리 마음의 중요한 몇 가지 원리를 시사해 준다. 첫 번째, 우리는 대상을 있는 그대로 보는 것이 아니라 상대적으로 본다. 두 번째, 우리는 수동적으로 외부의 정보들을 받아들이는 것이 아니라 적극적으로 그리고 능동적으로 정보들을 변형시킨다. 그리고 마지막으로, 우리는 이렇게 하는 자신의 마음조차 알지 못한다.

그리고 이러한 원리는 단순히 보는 것을 포함한 지각 현상에만 국한된 것이 아니다. 앞서, 마음은 보는 것(혹은 감각)에서 시작한다고 했는데, 마음의 시작부터 상대적이니, 마음의 중간, 끝은 어떻겠는가? 보고 듣는 감각과 지각뿐 아니라 느끼고 생각하는 우리의 마음이 온통 상대적인 것에 영향을 받고, 변형되고, 많은 마음의 과정들이 의식하지 못하는 수준에서 일어날 수 있다는 말이다.

2부 알 수 있는 마음과 알 수 없는 마음

10. 일상의 비논리

독자들 중에는 앞의 예가 단순히 보는 것에서만 일어나는 착시이고, 의식적으로 본인이 생각하고 추론하는 논리적 사고에서는 이런 착각이 (정신 차리면) 일어나지 않을 것이라 생각할 수 있다. 하지만 심리학의 많은 연구들은 여러분의 그런 생각 역시 착각임을 보여 주는 많은 증거들을 내놓고 있다.

우리의 추리나 판단, 의사 결정 등에서 종종 일어나는 착각들은 무엇일까? 그런 착각들은 인간이 비합리적이고 비논리적인 존재라고 조롱하는 것일까? 사실, 착시는 효율적이고 적응적인 우리의 시각 시스템을 유지하는 데 어쩔 수 없이 동반되는 일종의 부작용(side effect) 같은 것이다. 추리나 판단 등에서 간간이 나타나는 우리의 비합리적 특성 역시 착시와 맥을 같이하고 있다. 주변의 두드러진 정보 때문에 학교에서 배운 논리를 잊기도 하고, 의식하지 못하는 주변 맥락에 의해 판단이 바뀌기도 한다. 혹은 기존에 자신이 갖고 있는 신념이나 믿음 때문에 객관적인 데이터나 논리를 무시하기도 한다.

내 강의실에서 가끔 일어나는 일을 소개하겠다. 새 학기가 시작되면 필자는 첫 수업에서 강의계획서를 학생들에게 설명한다. 거기에는 성적을 평가하는 교수의 지침도 포함되는데, 중간고사 30%, 기말고사 30%, 보고서 20%, 퀴즈 10%, 출석과 기타 과제 10%를 얘기한다. 최종 성적은 상대평가를 해서, 전반적으로 학생들이 열심히 하면 A나 B의 비율을 높게 주고, 그렇지 않으면 그 비율을 줄이겠다는 얘기를 한다. 그리고 이런 얘기도 한다. "만일 최종 점수(위의 비율대로 합한 총점수)가 100점 만점에 40점 이하면 무조건 F가 나갈 것이다."

"40점 이하면 F를 준다"는 필자의 말이 참이라고 하자. 학기가 끝나고 어떤 학생이 찾아왔다. 자신은 최종 점수가 60점이고 따라서 40점 이하가 아닌데 F를 받았다는 것이다. 왜 교수님은 자신이 한 약속(40점 이하면 F를 준다)을 지키지 않느냐는 것이다. 내가 약속을 지키지 않았는가? 아마 대부분의 사람은 이 학생의 항변에 손을 들어줄 것이다. 그렇다면 정말 내가 약속을 지키지 않은 것인지, 이 학생이 잘못 생각한 것인지 한번 논리적으로 생각해 보자.

수학 시간에 배운 간단한 "명제" 논리를 여러분들은 기억하는가? (50대 이하라면 중고등학교 시절에 배웠을 것이다.) 명제 p와 q가 있다. 조건 명제 "p이면 q이다($p \rightarrow q$)"가 참이라고 해서 "q이면 p이다($q \rightarrow p$)", 혹은 "not p이면 not q이다($\sim p \rightarrow \sim q$)"가 참이 되는가? 그렇지 않다. 우리가 배운 바로는 "p이면 q이다($p \rightarrow q$)"가 참일 때는 그것의 대우, 즉 "not q이면 not p이다($\sim q \rightarrow \sim p$)"가 참이며, 나머지 "q이면 p이다($q \rightarrow p$)"나 "not p이면 not q이다($\sim p \rightarrow \sim q$)"는 참이 보장되지 않는다. 명제 p, q라고 표현하니까 복잡한가? 그렇다면 간단한 명제를 생각해 보자.

하나의 명제(p)는 "이것은 사과이다"이고 또 다른 명제는 "이것은 과일이다"라고 해 보자. 이제 "p이면 q이다"로 위의 두 명제를 연결해 보자. 이것이 사과이면 이것은 과일이다. 참이다. 그러면 그것의 '대우(not q이면 not p이다)'는 무엇인가? "이것이 과일이 아니라면 이것은 사과가 아니다"이고, 그것 역시 참이다.

그러면 "q이면 p이다"와 "not p이면 not q이다"는 어떻게 표현될까? "이것이 과일이면 이것은 사과이다($q \rightarrow p$)"와 "이것이 사과가 아니면 이것은 과일이 아니다($\sim p \rightarrow \sim q$)"로 표현되고, 이 진술은 타당하지 않다. 왜냐하면 사과 말고도 포도나 오렌지 등등 다른 과일도 많기 때문이다.

이것이 과일이라고 이것을 사과라고 할 수 있는가? 이것이 사과가 아니면 무조건 과일이 아니라고 얘기할 수 있는가? 당연히 여러분은 아니라고 외칠 것이다. 그러면 다시 성적 얘기로 돌아가 보자. 필자는 학생들에게 "여러분의 점수가 40점 이하면 여러분은 F를 받게 된다"고 얘기를 했다. 그리고 어떤 학생이 35점을 받아서 F를 받았다고 하자. 필자는 내 약속을 지킨 것이다. 하지만, 앞서 언급한 학생의 경우는 어떠한가? 60점을 받았는데도 F가 나온 것이다. 그러면서 필자에게 약속을 지키지 않았다고 주장하고 있다. 하지만 필자는 "여러분의 점수가 40점 이하가 아니면 여러분은 F를 받지 않을 것이다"라고 말한 적이 없다.

"40점 이하면 F를 받는다"와 "40점 이하가 아니면 F를 받지 않는다"는 말은 같은 말이 아니다. "이것이 사과이면 과일이다"는 말이 "이것이 사과가 아니면 과일이 아니다"라는 말과 다른 것처럼 말이다. 필자는 40점 이하면 F를 준다. 하지만 40점 이하가 아니더라도 F를 줄 수 있다. 가령 시험 문제가 너무 쉬워서 모두 좋은 점수를 받은 경우나 보고서를 제출하지 않거나 출석을 거의 하지 않은 경우에도 F를 줄 수 있다. 사과가 아니더라도 배나 포도가 과일일 수 있는 논리와 같은 것이다.

사실 위의 예는 우리가 얼마나 비논리적일 수 있는가를 보여주기도 하지만, 우리가 얼마나 자신이 생각하는 바를 확인하기 위해서만 편파적으로 생각하는지도 보여주고 있다(이를 확증 편향이라고 부른다). 즉 자신의 생각이 잘못될 수 있는 다른 대안들을 거의 생각하지 않는다는 말이다.

어떤 사업에 투자를 할지 결정하려고 하는 사람이 있다고 하자. 아마도 그 사람은 "그 사업에 투자하면 많은 돈을 벌 수 있다"는 조건 명제가 맞는지 주로 알아보려고 할 것이다. 즉 그 사업에 투자하는 경우 많은 돈을 벌 수 있다는 명제를 확증(confirm)하려고 할 것이다. 그리고 정말 그 사업에 투자해서 성공한 사례를 보았다고 하자. 그러면 그 사람의 신념은 더욱 확실해진다. 하지만 우리는 다른 경우도 생각해야 한다. 그 사업에 투자해서 성공한 사례뿐 아니라 실패한 사례도 적극적으로 조사해야 한다. 그뿐만 아니라, 그 사업에 투자하지 않고 같은 자본과 노력으로 다른 사업(즉 다른 대안)에 투자해서 더 성공한 사례에도 눈을 돌려야 한다는 말이다.

맘에 드는 장난감 앞에서 그 장난감을 사 달라고 조르는 아이를 생각해 보자. 아이는 '나에게 저 장난감이 있으면 행복할 것이다'는 생각을 하며 부모를 조를 수 있다. 그리고 그런 아이의 생각이 맞는다고 하자. 저 차가 있다면 나는 행복할 거야. 저런 아파트에서 살면 나는 행복할 거야. 저런 직업을 갖게 되면, 난 정말 행복할 텐데…… 뭐 이런 생각들을 우리는 하며 산다. 그리고 이런 생각들은 사실 당사자에게는 참이고 타당한 경우가 많다. 물론 장난감이나 차나 아파트가 우리를 영원히 행복하게 해 주지는 못하겠지만 당장 며칠, 몇 달, 몇 년은 행복할 수 있다.

장난감을 갖고 싶어 부모에게 졸라 대는 아이는 장난감을 갖고 놀면 행복하게 될 자신을 생각하면서 동시에 그 장난감이 없으면 행복하지 않을 자신을 동시에 생각할 가능성이 크다. 마치 앞에 언급한 우리의 비논리적인 사고를 자신도 모르게 당연한 것으로 생각하고, 장난감 없는 불행한 자신을 떠올리며 징징대면서 부모를 조를 수도 있다.

하지만, '장난감이 있으면 행복할 것이다'라는 생각이 맞는다고 해도, '장난감이 없으면 행복하지 않을 것이다'는 생각은 잘못된 것일 수 있다. '저 차가 있으면 행복하겠지만, 저 차가 없으면 행복하지 않을 것이다'라는 생각은 착각일 수 있다는 말이다. 아이는 장난감이 있어도 행복하지만, 친구와 놀거나 동화책을 읽을 때도 행복할 수 있다.

하나의 조건 명제에 마음이 꽂히면 다른 대안들을 생각하지 못하는 아이처럼, 혹시 여러분도 자신이 생각하는 조건 명제에 대해 잘못된 판단을 하고 있는 건 아닌지, 다른 대안들을 생각할 여유가 없는 건 아닌지 한번 돌아보자. 더욱이 심한 스트레스와 압력을 받는 상황이라면 더욱이 자신의 시야가 좁아져서(이것을 터널비전(tunnel vision)이라고 하는데 마치 터널에서 다른 주변은 보이지 않고 시야가 좁아지는 현상을 말한다) 다른 대안들을 보지 못할 수 있음을 깨닫고 주변을 돌아보며 여유를 찾는 일부터 하는 것이 현명한 일일 수 있다.

특히 자신의 진로를 고민하는 학생들에게 이 얘기를 꼭 하고 싶다. 조건명제 'p이면 q이다'에서, 우리가 사는 세상에 p는 얼마든지 많다는 것을 잊지 말라. 더욱이 자신이 아직 모르고 있는 p는 얼마든지 있다. '의사가 되면(p) 나는 행복할거야.' 혹은 '가수가 되면(p) 나는 행복할거야.' 이렇게 하나만 있는 게 아니라는 말이다. 여러분이 생각하지 못한 p는 많이 있을 수 있다. 또한 여러분이 생각하는 것이 어쩌면 틀릴 수도 있다(세상에는 여러분이 생각하는 것과 달리 그리 행복하지 않은 의사와 가수들이 많다!). 설령 맞는다고 해도 '의사가 되지 않으면 행복하지 않을 거야', '가수가 되지 않으면 나는 행복하지 않을 거야'라는 생각은 확실히 논리적으로 잘못된 생각이다. 그리고 한 가지 더 있다. 세상의 일들, 여러분에게 일어날 일들은 'p이면 q이다'라는 명제처럼 그리 단순하지 않다는 것이다. 하나의 q(나는 행복할 것이다)에 대해서도 많은 대안의 p가 있지만, 하나의 p(예. 내가 의사가 된다면)에 대해서도 엄청나게 많은 q가 있을 수 있다는 점을 잊지 말기 바란다.

　다시 앞의 예로 돌아가서, 나에게 항의하러 온 그 학생은 중·고등학교 때 명제를 배웠고, 조건 명제에 대해서도 배웠을 것이다. 하지만 일상생활에서 논리는 배운 대로 써먹고 있지 못하고 있다. 이것이 일상생활에서 우리가 사용하는 논리, 사고의 한계이다. 사실 이러한 예는 얼마든지 있다. 비합리적이고 비논리적인 판단과 추리들……. 하물며, 과학적 연구 방법은 어떠한가? 일반 대중들 대부분은 과학적 연구 방법에 대해서 제대로 배운 적도 없고, 어떤 생각이나 주장이 어떤 방법을 통해 만들어졌는지에 대해서도 잘 모르는 경우가 대부분이다. 그러니 우리 생각의 허구가 얼마나 많은지 말해서 무엇하랴!

　우리는 우리가 믿는 것을 계속 믿으려고 하는 경향성이 있다. 그리고 본인의 믿음을 강화시켜 주는 증거만을 편파적으로 선택해서 받아들이려는 경향이 있다. 자신의 믿음을 깨는 순간 많은 혼란과 인지적 부조화가 생길 수 있다. 그래도 우리는 용감해야 한다. *사실이 본인이 생각하고 믿고 싶은 것과 다를지라도 그 사실을 받아들이려는 마음 자세가 있어야 한다.* 그러한 마음 자세가 바로 넓은 의미의 '과학'이다(B. F. Skinner).

　　　　　　　　　　　　　　2부 알 수 있는 마음과 알 수 없는 마음

11. 인간 : 정보처리자

인간의 마음을 이해하기 위해서는 우리가 어떻게 정보를 처리하는지 이해하는 것이 핵심이다. '정보처리자(information processor)', '정보' 이런 말들을 쓰면 어렵게 느낄 수 있지만, 일단 쉽게 이해해 보자. 우리는 눈, 귀, 코, 피부 등 감각기관을 통해 외부로부터 정보를 받아들인다. 눈을 통해 빛 정보를 받아들이고 빛이 갖고 있는 여러 가지 속성들(밝기, 색, 패턴 등)을 통해 사물의 모양이나 크기, 위치, 거리와 같은 시각정보들을 얻게 된다. 청각정보 역시 공기의 (밀함과 소함으로 이루어진) 파장이 우리의 귀로 들어와서 발생되고, 이러한 청각정보를 통해 우리는 소리의 위치나 크기, 음색, 그리고 의미 등과 관련된 정보를 얻게 된다.

　이 책을 읽고 있는 독자의 경우, 지금 여러분은 눈을 통해 시각정보를 받아들이고 있는 것이다. 누군가가 이 책을 여러분에게 읽어 주고 있는 경우라면, 여러분은 귀를 통해 청각정보를 받고 있는 것이다. 이렇게 우리 감각기관을 통해 들어온 정보들은 어떻게 될까? 여러분은 시시각각 시각, 청각, 촉각, 후각, 미각 등 여러 감각기관을 통해 무수히 많은 정보들을 받고 있는데, 이런 정보들은 어떻게 처리될까?

대부분의 독자들은 이 책을 읽으면서 자신의 엄지발가락에 대한 감각을 의식하지 않았을 것이다. 다만, '엄지발가락'이라는 단어가 나오면서 한번 의식했을 수는 있다. 그렇다면, 여러분이 책을 읽는 동안 자신의 엄지발가락에 대한 의식이 없었다고 하더라도 엄지발가락으로부터의 감각 정보도 없었던 것일까? 아니다. 대부분의 독자들의 엄지발가락은 정상일 것이고, 따라서 책을 읽는 순간에도 자신의 엄지발가락은 계속 촉각적 정보를 받아들이고 있었던 것이다. 다만, 책을 읽느라 정신이 팔려서(주의 집중) 엄지발가락의 촉각 정보를 의식하지 못했던 것뿐이다.

인간의 정보처리를 일단 간단하게 이렇게 정리해 보자. 인간은 시시각각 감각기관을 통해 정보를 받아들이고(입력, input), 이들 정보 중에 일부는 선택해서 의식적으로 아는 단계까지 가고, 일부는 선택하지 않아서(혹은 선택되지 않아서) 의식할 수

2부 알 수 있는 마음과 알 수 없는 마음

없게 된다. 그리고 선택한 정보들 중에 일부는 잠깐 동안 저장하고(이것이 단기기억이다) 어떤 정보들은 오래 저장된다(이것이 장기기억이다). 그리고 저장된 정보들은 필요에 따라(가령, 어떤 문제를 풀거나 혹은 판단을 내려야 할 때) 사용되고 우리의 언어나 행동을 통해 나타난다(출력, output). 즉 인간의 정보처리 과정은 처음 감각 정보의 입력 단계부터 그것을 사용하여 표출하는 출력 단계까지를 의미하는 것이며, 심리학자(특히, 인지심리학자)들은 이러한 인간의 정보처리 과정에서 어떤 일들이 일어나고 그 과정에 어떤 원리들이 있는지 밝히는 데 주력하고 있다. 한마디로, 나를 포함한 많은 심리학자들은 인간의 정보처리 과정을 과학적으로 연구하고 있는 것이다.

위 문단의 내용이 어렵게 느껴지지 않았기를 바라지만, 만일 그렇다고 하더라도 너무 낙심하지 말기 바란다. 혹시 그런 사람들을 위해 쉬운 예를 하나 들겠다. 우리가 많이 쓰고 있는 컴퓨터를 생각해 보자. 인간과 많이 다르긴 하지만, 그래도 컴퓨터는 대표적인 '정보처리자'이다. 이 컴퓨터는 정보를 어떻게 받는가? 컴퓨터도 인간의 감각기관이 입력 정보를 받는 것처럼 입력 기관이 있다. 바로 자판이나 마우스를 통해, 혹은 컴퓨터에 달린 카메라나 마이크를 통해 시각적 정보와 청각적 정보를 받아들인다. 그리고 컴퓨터 역시 받아들인 정보를 잠시 저장(RAM)하기도 하고 오래 저장(하드 디스크)하기도 한다. 마지막으로, 컴퓨터도 저장된 정보들을 필요에 따라 출력 기관을 통해 표출하는데, 컴퓨터의 대표적 출력 기관은 모니터와 스피커이다. 모니터를 통해 저장된 것을 보여 주기도 하고 스피커를 통해 들려준다.

 '정보처리자'로서의 인간을 설명하면서 쉬운 비유로 컴퓨터를 예로 든 것에 대해 기분이 상한 독자들이 있을 수도 있다. 감히 인간을 컴퓨터에 비교하다니……. 물론 컴퓨터와 인간은 다르다. 달라도 많이 다르다. 하지만 현재의 컴퓨터가 다른 것이지, 미래의 컴퓨터는 또 다른 얘기가 된다. 인공지능을 연구하고 인간을 닮은 로봇을 연구하는 많은 학자들은 언젠가 인간과 거의 구별이 되지 않는 정보처리자(인공지능)를 만들 가능성이 높다. 나는 여기서 인간과 기계의 차이, 인간과 다른 동물들의 차이에 대한 논쟁으로 빠지고 싶은 생각은 없다. 그보다는 현재 우리가 사용하는 컴퓨터와 다른 인간의 정보처리 방식을 조금 더 언급하고자 한다.

 일단, 컴퓨터는 내가 입력한 글을 그대로 저장해 놓는다. 나는 지금 컴퓨터 자판을 통해 내 책 내용을 입력하고 있고, 그것을 저장해 놓는다. 만일, 내가 며칠 후 저장한 파일을 열어서 내가 쓴 책 내용이 바뀌었음을 발견했다고 상상해 보자. 내가 쓴 내용 중 일부가 사라지고, 어떤 내용은 내가 입력하지도 않았던 것인데 새로 생겨났다면? 귀신이 곡할 노릇이 아닌가?

컴퓨터는 입력된 내용을 그대로 저장한다.• 토씨 하나 틀림없이 저장한다. 하지만 인간은 그렇지 않다. 똑같은 이야기를 들려주어도 사람마다 기억하는 내용이 다를 수 있다. 즉 인간의 정보처리 과정은 입력되는 감각 정보를 있는 그대로 선택해서 저장하는 것이 아니라, 정보를 변형시키고 재조직하는데, 이 과정에서 어떤 입력 정보들은 사라지거나 압축되기도 하고, 어떤 경우는 없는 정보를 갖다 덧붙이기도 한다(인간의 기억과 관련된 현상들은 이후에 소개할 것이다). 이러한 현상은 인간의 정보처리 과정 중 기억(정보의 저장) 단계에만 일어나는 것이 아니다. 오히려 정보처리 과정의 초기 단계부터 이런 일들은 일어난다. 인간 정보처리의 초기 단계부터 이러한 정보의 변형이나 조작이 일어나기 때문에 당연히 정보를 저장하고 사용하는 후기 단계에서는 이런 일들이 더 증폭되어 나타날 수밖에 없다.

'초기 단계'와 '후기 단계'가 무엇인지 생각하는 독자가 있을 것이다. 쉽게 설명하자면, 인간의 정보처리 과정을 입력 단계

● 사실, 오늘날 발전된 컴퓨터나 인공지능 시스템은 인간처럼 입력되는 정보를 변형시키고 재조직하고 학습하게 만들 수도 있다. 하지만 여기서는 그냥 단순한 컴퓨터만 편의상 언급하였다.

부터 출력 단계까지 전 과정으로 생각해 볼 수 있고, 입력 단계부터 감각입력 정보를 지각(perception)해서 그 정보가 무엇인지 아는 단계까지를 보통 인지심리학자들은 초기 정보처리 과정(초기 단계)이라고 하고, 그 정보를 저장하고 사용하는 과정을 후기 정보처리 과정(후기 단계)이라고 상대적으로 이야기한다. 따라서 인간 정보처리의 초기 단계를 주로 연구하는 학자들은 감각과 지각, 주의와 같은 문제를 다루고, 후기 단계를 주로 연구하는 학자들은 기억, 추론, 의사 결정, 문제 해결과 같은 주제들을 주로 다루고 있다.

여기서 강조하고 싶은 것은, 인간은 컴퓨터처럼 그저 주어진 정보를 명령에 따라 수동적으로 처리하고 저장하는 정보처리자가 아니라, 주어진 정보(감각 정보)를 적극적으로 변형, 압축, 정교화, 저장, 복원, 사용하는 정보처리자라는 것이다. 그리고 이러한 인간의 정보처리 과정과 원리를 이해하는 것이 바로 인간의 마음을 이해하는 핵심이 된다는 것이다. 왜냐하면, 인간의 마음이란 바로 인간의 정보처리 과정 그 자체이며, 또한 정보처리 과정을 통해 발현되는 것이기 때문이다.

2부 알 수 있는 마음과 알 수 없는 마음

12. 내 마음을 나도 모를 수밖에 없는 이유

우리의 감각기관이 정보를 받아 일부 정보를 선택하고 저장하고 사용하는 과정에서, 비록 우리의 뇌는 끊임없이 정보를 처리하고 있지만 우리의 뇌가 이들 정보를 모두 의식할 수 있는 것은 아니다. 오히려 의식할 수 있는 정보는 아주 일부분에 지나지 않으며 더 많은 정보들이 우리가 의식할 수 없는 상태에서 처리되고 저장되고 사용된다. 즉 우리의 마음은 의식할 수 있는 마음과 의식할 수 없는 마음이 공존하고 있다. 그리고 의식할 수 없는 마음이 만들어 낸 행동들에 대해 우리의 의식은 헷갈려 하기도 하고, 부정하기도 하고, 괴로워하기도 하고, 가끔 이상한 이유를 갖다 붙이기도 한다.

인지심리학자들 중에는 극히 일부이기는 하지만 최면을 통해 무의식적 정보처리를 연구하는 사람들이 있다. 캘리포니아

대 버클리 캠퍼스의 존 킬스트롬(John Kihlstrom) 교수가 그 대표적인 사람이다. 그는 최면 민감도가 높은 피험자[*]들을 대상으로 최면 상태에서 어떤 단어들을 들려주고 나서 최면이 깨어난 후 이들에게 들려준 단어들이 점화효과(priming)를 일으키는지 관찰하였다.

가령, 최면 중에 어떤 사람은 '시계'라는 단어를 듣고, 다른 사람은 '발목'이라는 단어를 들었다고 하자. 그러고 나서 최면이 깨어난 후 이들에게 단어 연상 검사를 하였다. 물론 이들이 최면 중에 어떤 단어를 들었는지 기억해 보라고 하면 최면 민감도가 높은 참가자들은 전혀 기억하지 못한다. 즉 의식적으로 전혀 기억하지 못함에도 불구하고, 단어 연상검사를 하면 이들의 대답에서 최면 중에 들었던 단어가 나올 가능성이 높아짐을 킬스트롬 교수는 발견하였다(Kihlstrom, 1987). 참가자들에게 '손목'이라는 단어를 보여주면서 마음에 처음으로 떠오르는 단어가 무엇인지 물어보면, 위의 예에서 최면 중에 시계를 들었던 참가자는 '시계'라고 대답하고, '발목'이라는 단어를 들었던 참가자는 '발목'이라고 대답할 가능성이 높아진다.

● 그렇다. 최면도 잘 걸리는 사람이 있고, 잘 걸리지 않는 사람이 있다. 최면 민감도가 높은 사람들이 최면에 잘 걸리는 사람들인데, 이들은 최면 중에 자신이 들었던 것이나 자신이 한 행동들을 최면이 깨어난 후에도 전혀 기억하지 못한다.

우리는 이들이 왜 그렇게 대답했는지 이유를 알고 있다. 어떤 단어의 의미('손목')가 자신이 최면 중 들었던 단어('시계' 혹은 '발목')를 더 쉽게 활성화시키고 점화(priming)시키기 때문이다. 하지만 정작 피험자들은 그 이유를 모른다. 최면 상태에서 일어난 일을 의식적으로 기억할 수 없고, 점화가 무의식적으로 일어났기 때문이다.

최면 중에 "당신은 최면이 깬 후에 이 방에 있는 창문을 열 것입니다"는 지시를 주고, 더불어 최면 중에 일어난 일을 기억하지 못할 것이라는 최면 후 기억상실(posthypnotic amnesia)• 에 대한 암시도 받았다고 하자. 최면에서 깨어난 후 창문을 연 당신에게 왜 창문을 열었는지 물어보면 뭐라고 대답하겠는가? "당신이 나에게 최면에서 깨어난 후 창문을 열라고 암시를 주었잖아요"라고 대답하는 것이 정답이겠지만, 무의식에서 일어난 일을 의식이 알 리가 없다. 그러니 이 무지(無知)한 의식은 말을 만들어 낼 수밖에 없다. "그냥 좀 답답해서요." "방이 좀

• 최면 후 기억상실이란 말 그대로 최면이 깨어난 후 최면 중에 일어난 일을 기억하지 못하는 것을 말한다. 보통 심리학 실험에서 이러한 최면 후 기억상실에 대한 암시를 주는 경우, 참가자들이 깨어난 후 다시 기억을 할 수 있도록 '원상복귀 단서'도 함께 사용한다. 즉 어떤 단서를 듣는 순간 당신은 다시 최면 중에 일어난 일들을 모두 기억할 수 있을 것이라는 암시를 최면 중에 주는 것이다.

덥네요." "바깥 경치 좀 보려고요." "빗소리 좀 들으려고요(비가 오고 있다면)." 등등.

그런데, 이런 웃지 못할 일들이 최면 중에 장난친(?)* 사례에만 국한될까? 당연히 아니다! 시시각각 우리의 감각기관으로 들어오는 다양한 정보들이 우리가 미처 깨닫지 못하는 사이 우리의 지각뿐 아니라 생각과 행동, 판단 등에 영향을 준다. 다른 사람에 대한 인상을 판단할 때에도 당신이 어떤 의자에 앉아 있는지, 어떤 음료를 들고 있는지, 주변에 어떤 냄새가 나고 있는지 등등이 여러분의 판단에 영향을 줄 수 있다. 면접관이 딱딱한 의자에 앉아 있다면 푹신한 의자에 앉아 있을 때보다 피면접자에 대한 점수가 인색해진다. 더 까다롭게 평가한다는 말이다. 물론 면접관들이 자신의 의자가 딱딱해서 점수

● 사실, 킬스트롬(John Kihlstrom) 교수의 연구는 장난이 아니다! 많은 사람들이 심리학은 잘 몰라도 정신분석의 창시자인 프로이트의 무의식은 들어 본 것처럼, 무의식 하면 대부분 무의식적 본능이나 동물적 욕구, 잠재의식 등을 생각해 왔다. 하지만 프로이트의 무의식이 발표되고 거의 한 세기가 지난 시점에서 킬스트롬(John Kihlstrom) 교수가 「사이언스(Science)」지에 발표한 무의식은 인간의 정보처리적 관점, 즉 인지적 관점에서 의식할 수 있는 정보와 의식할 수 없는 정보를 분리하고, 의식할 수 있는 기억(외현 기억)과 의식할 수는 없지만 우리의 행동에는 영향을 주는 기억(암묵 기억)을 구분하는 데 중요한 공헌을 하였다. 오늘날 심리학자들이 연구하는 무의식은 프로이트 식의 무의식적 욕구나 억압된 욕망이 아니라, 의식 수준 이하에서 처리되는 정보, 암묵 기억이나 학습, 점화 효과 등 '인지적 무의식(The Cognitive Unconscious)' 이다.

를 깎는다고 생각하지는 않는다. 그냥 딱딱한 의자의 감각이 자신도 모르게 짠 점수를 주게 만드는 것이다. 따뜻한 음료를 마시는 면접관은 찬 음료를 마시는 면접관보다 좀 더 너그러운 점수를 줄 수 있다. 서류가 무겁다면 가벼운 서류보다 좀 더 비중 있고 중요한 것이라고 착각할 수도 있고(Jostmann, Lakens, & Schubert, 2009), 거꾸로 중요한 물건은 같은 무게라도 더 무겁게 지각될 수 있다(Schneider, Rutjens, Jostmann, & Lakens, 2011) '양로원'이나 '노인'이라는 단어나 그림을 본 운동선수는 자신도 모르게 움직임이 느려질 수 있다. 컵의 색깔에 따라서도 그 안의 음료 온도를 다르게 지각할 수 있다(Guéguen & Jacob, 2012).

또한 사회적인 상황이나 자신의 내적 상태에 따라서도 지각이 바뀐다. 경쟁하는 상황에서는 같은 사람이라도 더 공격적인 얼굴로 기억한다(Balas & Thomas, 2015). 외로운 사람일수록 의미 없는 무생물을 생물처럼 지각할 가능성이 커진다(Powers, Worsham, Freeman, Wheatley, & Heatherton, 2014). 어떤 대상이 두려우면 더 크게 보이고, 더 가까이 있다고 지각한다. 각성 정도가 높을수록 시간이 더 빨리 가는 것처럼 느껴지고(Meck, 2003), 외롭고 우울하면 같은 언덕도 더 가파르게, 같은 거리도 더 멀게 지각한다(Riener et al., 2011).

이처럼 우리의 지각과 판단은 다양한 외적, 내적 요인들에 의해 자신도 모르게 영향을 받고 있다. 즉 우리의 마음은 감각 기관으로 들어온 다양한 정보들에 의해 만들어지고, 그 정보를 의식하든 의식하지 못하든 상관없이 영향을 받게 된다. 이렇게 외부 세계와의 상호작용을 통해 일어나는 마음을 심리학자들은 체화된 인지(embodied cognition)라고 부른다(Lakoff & Johnson, 1999).

무의식적 정보이면서 우리 뇌에 저장되어 우리의 행동에 결정적 영향을 주는 것들은 무엇일까? 우리가 배운 운동 기술(예컨대, 수영하는 법, 자전거 타는 법 등), 습관, 그리고 조건형성 등이 그것이다. 물론 수영하는 법이나 자신의 습관, 그리고 조건형성된 자신의 행동을 보면서 의식할 수는 있다. 하지만 저장된 정보나 저장된 연합들(associations)은 우리의 의식과는 무관한 것들이고 의식에 영향을 받지 않는 것들이다. 무슨 뜻인지는 다음 장을 읽으면서 이해해 보자.

13. 무의식적 학습

우리는 무엇인가를 의식적으로 알 수도 있지만 무의식적으로 알 수도 있다. 의식적이건 혹은 무의식적이건 우리가 안다는 것은 알지 못할 때와 비교하여 우리의 뇌에 그리고 우리의 행동상에 뭔가 변화가 생긴 것이다. 즉 뭔가 배움(학습, learning)이 일어난 것이다. 배운다는 것, 즉 *학습이 일어났다는 것은 경험을 통해(단순한 신체적 성숙을 통한 것이 아닌) 어느 정도 지속적인 (즉 일회성이나 일시적인 것이 아닌) 행동상의 변화가 일어났음을 의미하는 것이다.*

진화는 오랜 시간 동안 여러 세대를 거쳐 일어나면서 종의 생존과 적응에 도움이 되는 반면, 학습은 그 세대가 그 시기에 생존하고 적응하는 데 도움을 준다. 학습이 없다면 우리 인류는 벌써 오래 전에 사라졌을 가능성이 크다.

태어나서 변화하는 환경에 적응하며 생존하는 데 학습은 그 어느 마음보다도 중요하다. 학습이 없다면 우리는 어디에서 먹을 것을 구하고, 어디에서 위험을 피하면서 쉴 수 있고, 누구(친구나 애인)에게 접근하고 누구(적이나 위험한 대상)를 피해야 하는지 알 수 없다. 사실 인간과 같이 고등 인지를 갖고 있지 않은 하등 동물들도 놀라운 학습 능력을 갖고 있다.

가령 물고기를 키우는 사람이라면 이런 실험을 해 보는 것도 재미있을 것이다. 물고기가 있는 수조 위에 손전등 불빛을 비춰 보자. 물고기가 위로 모이는가? 대부분의 물고기는 모이지 않는다. 그런데 일주일 동안 수조 위에 손전등을 비추고 먹이를 주는 일을 반복해 보자. 그러면 일주일 후에 손전등만 수조 위에 비춰도 물고기들은 불빛이 비추는 방향으로 올라올 것이다. 일주일의 경험을 통해 물고기들은 손전등 불빛이 비추면 먹이가 떨어지는 것을 학습하고 배고픈 물고기들은 불빛이 있는 곳으로 모여드는 것이다. 이전에 없었던 행동상의 변화이며 단순하지만 생존에 매우 중요한 학습 능력이다.

여기서 물고기들은 불빛과 먹이와의 관계를 의식적으로 깨달아 학습한 것일까? 물고기에게 직접 물어볼 방법이 없으니 알 수는 없다. 하지만 분명한 것은 우리가 무엇인가를 학습하는데 그 무엇인가를 반드시 의식적으로 자각하고 알아야 할 필요는 없다는 것이다.

사실 인간의 뇌가 많이 진화되고 몸무게에 비해 부피도 크고 복잡하긴 하지만 감각기관으로부터 들어오는 모든 정보를 의식적으로 자각하고 의식적으로 처리하는 데는 한계가 있을 수밖에 없다. 또한 의식과 관련된 뇌 영역의 크기를 굳이 따질 필요 없이 원초적인 뇌를 갖고 있는 수많은 생물들도 지금까지 잘 생존해 온 것처럼 우리 인간 역시 생존하는 데 모든 것을 의식할 필요도 없다.

의식적으로 원리를 이해해서 학습하는 것이 아니라, 무의식적이고 자동적인 학습의 예를 하나 더 들어 보겠다. 집에 개나 고양이를 키운다면 한번 시도해 보라. 개에게 특정한 벨소리를 들려줘 보라(휴대폰에 있는 특정 벨소리를 사용해도 된다). 개가 침을 흘리며 입맛을 다시는가? 대부분의 개는 그렇지 않을 것이다. 하지만 그 특정 벨소리를 들려주면서 동시에 개가 좋아하는 먹이를 주는 일을 며칠 반복하면, 이제 그 개는 침을 흘리며 먹을 준비를 할 것이다. 며칠간의 경험(벨소리와 먹이를 짝지어 제시한 일)을 통해 당신의 개는 전에 없던 행동이 나타났다. 즉 학습(경험을 통한 비교적 지속적인 행동의 변화)이 일어난 것이다. 벨소리와 먹이라는 두 개의 자극이 연합되어 뇌에 저장된 개는 먹이를 먹으면 본능적으로(혹은 생득적으로) 침이 나올 뿐 아

니라 벨소리만 들어도 침이 나오는, 후천적으로 획득된 새로운 행동을 하게 되는 것이다.[•]

개는 뭔가를 먹을 때 타액이 분비된다. 태어날 때부터 갖고 있는 능력이다. 학습이 필요 없는 것이다. 태어날 때부터 벨소리를 들으면 타액이 분비되는 개는 없을 것이다. 하지만 먹이와 벨소리를 짝지어서 수차례 경험한 개는 벨소리만 들어도 타액을 분비하는 새로운 행동을 보이게 된다. 즉 학습이 일어난 것이다.

벌레를 한 번도 본 적이 없는 어린 아이 손에 귀뚜라미나 혹은 바퀴벌레 한 마리를 가져가 보라. 아이가 무서워 기겁을 하며 울까? 그렇지 않다. 벌레를 처음 보는 아이들은 움직이는 조그만 벌레를 그리 무서워하지 않는다. 그런데 왜 적지 않은 사람들이 바퀴벌레나 나방, 비둘기, 심지어는 작은 날파리 같

[•] 여기서 저자가 이야기한 벨소리를 들을 때 개가 침을 흘리는 현상은 1904년 소화기 계통 연구로 노벨상을 받은 러시아의 이반 파블로프(Ivan Pavlov)가 발견한 것이며, 파블로프는 이를 고전적 조건형성의 과정으로 설명하고 있다. 개가 음식을 먹을 때 침을 흘리는 것은 타고난 것이고 학습과는 전혀 관계가 없다. 먹이를 먹는데 침이 나오는 것은 무조건적으로 일어나는 것이며 따라서 먹이는 무조건 자극이며, 이 무조건 자극에 대해 침을 흘리는 것을 무조건 반응이라고 한다. 하지만 먹이와 벨소리를 계속 짝지어 주면 개는 먹이가 없이 벨소리만 들어도 침을 흘리게 되는데, 이때 벨소리를 조건 자극이라고 부르고, 이 조건 자극에 대해 침을 흘리는 반응을 조건 반응이라고 부른다.

2부 알 수 있는 마음과 알 수 없는 마음

은 것들도 무서워할까? 이유는 간단하다. 개가 벨소리를 듣고 침을 흘리는 것과 비슷한 경험을 했기 때문이다.

갑자기 큰 소리가 들리면 우리는 자동적으로(생득적으로) 깜짝 놀란다. 아이도 마찬가지다. 가족들과 평온하고 즐겁게 놀고 있는데, 옆에 있던 엄마가 갑자기 큰 소리를 지른다고 하자. 아이는 깜짝 놀라고 너무 놀란 나머지 울지도 모른다. 바퀴벌레를 무서워하는 엄마와 함께 있는 상황에서 우연히 그들 옆에 바퀴벌레가 나타나고 그와 동시에 큰 비명 소리가 들리는 상황이 이 아이에게 여러 번 생긴다면, 아이는 그 이후로 엄마처럼 바퀴벌레를 보기만 해도 무서워할 것이다. 먹이를 주면 침이 나오는 것이 생득적인 것처럼 큰 소리가 날 때 깜짝 놀라는 것은 당연하고 자동적인 것이다. 종소리와 먹이를 짝지어 제시하는 것처럼 바퀴벌레와 큰 소리가 짝지어 나타나게 되면, 종소리만 들어도 침을 흘리는 개처럼 바퀴벌레만 봐도 놀라는 아이들이 생겨나는 것이다.

이러한 종류의 학습을 심리학자들은 조건형성(conditioning)이라고 부르는데, 사실 이러한 조건형성은 우리가 의식적으로 알고 깨닫는 과정과는 무관하다. 즉 우리의 고차적 사고 과정도 필요 없고, 우리가 의식적으로 알고 있든 혹은 전혀 모르고 있든 상관이 없다. 빛이 비추는 쪽으로 물고기가 모이고, 바퀴벌레가 보이면 정서를 담당하는 뇌 부위가 활성화되는 것뿐이다. 작은 물고기 뇌로는 의식을 담당할 영역을 확보할 만큼 여유롭지 않다. 사실 우리 인간의 뇌도 우리가 의식할 수 있는 영역은 그리 많지 않다. 생존하기도 바쁜데 우리의 모든 행동이나 그 행동을 하게 만드는 법칙 등을 의식적으로 모니터링할 만한 여유가 우리의 뇌에는 없는 것이다.●

비둘기를 무서워하는 사람에게 왜 비둘기가 무서운지 물어보면 여러 가지 대답이 나온다. "비둘기가 나를 공격할 것 같아서요." "비둘기가 더럽고 병균을 옮길 것 같아서요." "징그럽게 생겼잖아요." 하지만 최면 연구에서처럼 그런 대답은 '의식적으로' 지어낸 허구적 이유에 불과하다. 사실 우리는 자신에게 무의식적으로 형성된 여러 가지 행동이나 감정들의 원인을 의식적으로 아는 것이 거의 불가능하다. 과학적으로 연구해서 밝혀내기 전에는 말이다. 그것은 마치 자신의 장기에 종양이 있다는 것을 과학적 방법으로 검사해서 누군가 알려주기 전에

● 그렇다면 현생 인류보다 더 똑똑하고 더 큰 뇌를 가진 인류는 왜 존재하지 않을까? 사실, 현재 인간의 뇌보다 더 큰 뇌를 지닌 유인원의 두개골과 뼈가 발견되기도 했지만, 이들은 금방 멸종한 것으로 보인다. 그 정확한 이유는 알 수 없지만, 아마도 난산 때문인 것으로 추측하고 있다(Gazzaniga, 2008). 머리 큰 아이를 낳는 것이 제왕절개가 없었던 원시 시대에 얼마나 힘든 것인지 상상해 보면 이해가 될 것이다.

2부 알 수 있는 마음과 알 수 없는 마음

는 스스로 알 수 없는 것과 비슷하다.

벌레나 비둘기를 무서워하지만 일상생활에 별 불편이 없다면 그대로 살 수도 있겠다. 하지만 일상생활에 불편해하고 비둘기가 있는 도시나 공원을 마음대로 다닐 수도 없고 극도의 공포심을 겪는다면 치료가 필요하다. 비둘기를 무서워하는 사람에게 "비둘기는 무서워할 필요가 없어요. 사람을 공격하지 않잖아요. 저거 보세요. 사람이 잡으려 하면 오히려 비둘기가 도망가잖아요." 아무리 설득해도 별 소용이 없다. 왜냐하면 그 사람이 무서워하는 이유는 이성적이고 의식적인 수준이 아니기 때문이다. 그러면 어떻게 해야 할까? 조건형성이 된 과정과 유사하게 문제가 되는 자극(예, 비둘기)과 반응(예, 놀라고 무서워하는 행동) 간의 연합을 끊고 그 자극에 문제가 되지 않는 반응(놀라지 않는 행동, 평정심과 이완)을 연합시키는 과정을 거치면 된다(보통 심리치료센터나 정신과에서 행동치료라는 이름으로 수행되는 과정이다).

왠지는 모르겠지만, 처음 본 사람이라도 어떤 인상은 기분이 좋고 어떤 인상은 기분이 나쁜가? 병원에 가기만 하면 면역력이 떨어지는가? 어떤 음식은 냄새만 맡아도 구역질이 나는가? 모조 꽃을 봐도 꽃가루 알레르기 반응이 나타나는가? 이런 일들은 대부분 우리의 의식과는 무관한 조건형성으로 이미 만들어진 것일 수 있다.

우리의 뇌에서 측두엽 내측에 있는 해마(hippocampus)와 그 주변 부위는 우리에게 일어난 사건을 장기적으로 그리고 의식적으로 기억하는 데 결정적 역할을 한다. 해마 부위가 손상되면 마치 영화 「메멘토」나 「첫 키스만 50번째」에 나오는 주인공처럼 새로운 기억이 불가능한 것처럼 보인다. 아침 식사를 마치고 조금만 지나도 함께 식사한 사람이 누구였는지, 식사를 하며 무슨 얘기를 했는지, 심지어 조금 전에 아침을 먹었는지조차 기억하지 못한다. 자신에게 일어난 일들을 장기기억에 저장할 수 없게 된다. 따라서 해마 손상 환자는 마치 모든 것을 학습할 수 없는 사람처럼 보일 수도 있다.

하지만 이들 환자들도 조건형성과 같은 무의식적 학습(혹은 암묵 학습이라고도 부른다)은 정상적으로 일어난다. 해마가 손상된 후라도 탁구나 수영, 자전거 타기 등을 새로 배울 수 있다. 만일 해마 손상 후에 수영하는 법을 배웠다면 그 환자는 자신이 언제 누구에게 수영을 배웠는지 기억하지 못할 뿐 아니라 심지어 자신이 수영을 배웠다는 것 자체도 전혀 알지 못할 것이다. 하지만 수영을 해 보라고 하면, 수영을 잘하고 있는 본인 모습에 스스로 신기할 수 있다. 그뿐이 아니다. 전에 한 번 본 것이나 들은 것들에 대해서도 자신은 전혀 기억을 못 하지만

2부 알 수 있는 마음과 알 수 없는 마음

자신의 몸은, 자신의 뇌는 그 경험을 이용한다.

　해마 손상 환자의 이야기를 여기서 하는 이유는 비록 이들 환자들이 의식적으로는 기억하지 못하지만 자신들에게 일어난 일들로 인하여 이들의 행동이나 마음이 바뀌는 일은 얼마든지 가능하다는 얘기를 하기 위한 것이다. 즉 우리 뇌의 많은 영역은 굳이 의식 없이도 학습을 할 수 있게 한다. 실제로 우리 인간의 뇌는 의식적 학습보다는 무의식적이고 자동적인 학습에 더 많은 영역을 할당하고 있다. 그리고 다른 동물과 마찬가지로 의식과 상관없는 무의식적 학습 능력은 우리들의 생존에 매우 중요한 역할을 하고 있다. 비록 의식할 수는 없어도 과거 경험이 행동을 변화시킨다는 것은 뇌에 뭔가가 분명히 저장이 되어 있는 것이고, 인지심리학자들은 이러한 무의식적 기억이나 학습을 암묵 기억(혹은 암묵 학습)이라고 부른다.

14. 말보다 경험이 중요한 이유

우리의 행동이 변화되고, 따라서 우리의 마음이 변화되는 일은 어떻게 일어날까? 즉 학습은 어떻게 일어날까? 위에서 언급한 대로 특정한 벨소리에 침을 흘리지 않는 개에게 특정한 벨소리와 음식을 짝을 지어 반복적으로 제시하면 개는 벨소리만 들어도 침을 흘리게 된다. 즉 행동상에 변화가 일어나고 학습이 일어난 것이다. 이러한 고전적 조건형성은, 다시 조금 어려운 말로 설명하자면, 음식이라는 자극과 벨소리라는 자극이 연합되고, 다시 벨소리라는 자극은 침을 흘리는 반응과 연합된 것이다. 그런데 학습에는 이렇게 자극과 자극의 연합, 자극과 반응의 연합만 있는 것이 아니라, 우리가 먼저 반응을 하고나서 그 반응에 대해 특정 자극이 따라오는(수반되는) 것을 학습할 수도 있다.

스키너(B. F. Skinner)는 쥐 한 마리를 자신이 만든 라면 박스 정도 크기의 상자('스키너 상자'라고 부름)에 넣고 그 상자에 설치해 놓은 조그만 지렛대를 쥐가 많이 누르도록 학습하게 만들었다. 원리는 간단하다. 쥐가 스키너 상자에 들어가서 여기저기 돌아다니며 이것저것 만져 보다가 우연히 지렛대를 누르게 되면 먹이를 하나 주는 것이다. 즉 특정한 반응(지렛대를 누르는 행동)과 그 반응에 수반하는 자극(먹이)을 연합시키는 것이다. 이렇게 반응과 자극을 연합해 학습한 쥐는 먹이를 얻고 싶을 때마다 지렛대를 열심히 누를 것이다.*

정말 간단한 실험이고, 대부분의 심리학 개론서에 소개되는 실험이지만, 이 실험 결과가 인간의 행동을 설명하는 데 얼마나 중요한지를 이해하고 있는 사람은 별로 없는 듯하다. 생쥐를 대상으로 음식을 얻기 위해 지렛대를 누르게 학습시키는 것이 뭐 그리 대단하다고, 고귀하고 뛰어난 인간의 마음을 이해하는 데 그 하찮은 쥐 실험을 언급하는지 불만을 가질 수 있다. 사실 내가 아는 친구 중에도 인간의 복잡한 심리를 공부하러 왔는데, 심리학 책에 개가 침 흘리고 쥐가 지렛대를 누르

* 이렇게 반응과 그에 수반해서 나타나는 자극 간의 연합이 학습되는 과정을 스키너는 작동적 조건형성(operant conditioning)이라고 불렀다(Skinner, 1938, 1971).

는 연구들이 처음에 소개된 것을 보고는 심리학에 실망하여 전공을 철학으로 바꾼 친구도 있다.

일상생활에서 인간(그리고 동물)의 많은 행동들의 결과로 외부 자극이나 환경에 변화가 생긴다. 문고리를 돌려 문을 당기면 문이 열린다. 고개를 돌리면 다른 장면이 보이고, 어떤 건반을 누르면 어떤 음이 들린다. 행동(반응)과 그에 따르는 결과(자극)가 짝을 지어 일어나고, 우리는 그것을 학습한다. 자판기에서 동전을 넣고 어떤 버튼을 누르면 커피가 나오고, 스마트폰 사용 역시 어떤 반응을 하면 화면이 이동하거나 바뀐다. 일상생활에서 이러한 반응과 자극 간의 연합은 이루 말할 수 없이 많다.

그런데, 이렇게 어떤 행동에 따라오는(수반되는) 결과가 그 자리에서 당장 발생하고, 행동을 하는 사람 역시 쉽게 그 결과가 눈에 보이기 때문에 우리는 이러한 학습에 '의식적 자각'이 꼭 필요하다고 생각할 수 있다. 하지만 결론부터 얘기하자면, 이렇게 중요한 학습 역시 의식적 자각이 꼭 필요한 것은 아니다.

최근에 필자의 연구실에서 황병우 연구원과 필자는 의식할 수 없는 수준에서도 대학생들이 반응과 그에 따르는 결과의 변화를 학습할 수 있는지 실험해 보았다(Hwang & Kim, 2016).

실험은 간단하다. 실험실에 대학생이 오면 컴퓨터 모니터 앞

2부 알 수 있는 마음과 알 수 없는 마음

에 앉게 하고, 컴퓨터 모니터에 동그라미가 나오면 키보드의 특정 키를 재빨리 누르게 하였다. 그리고 다시 모니터에 T라는 모양(표적자극, target이라고 부름)이 오른쪽이나 왼쪽으로 누워서 제시되는데, 이때에는 그 T 모양이 오른쪽으로 누웠는지 혹은 왼쪽으로 누웠는지 두 개의 키 중에 하나로 빠르게 반응하도록 하였다. 참가자는 이렇게 단순한 두 개의 과제를 순서대로 계속 수백 회 수행하였고, 그것으로 실험은 끝이 난다.

이 실험에서 우리는 참가자가 동그라미에 대해 키를 누른 반응 시간을 시행마다 측정하여, 그 반응 시간에 따라 다음 과제에서 나타나는 T(표적자극)의 위치가 결정되도록 하였다. 즉 동그라미에 대한 참가자의 반응 속도와 후속해서 나타나는 T의 위치가 어떤 관계를 갖도록 조작하였고, 이러한 관계를 참가자에게는 알려주지 않았다. 모든 참가자들은 나름대로 최선을 다해서 동그라미가 나오면 재빨리 반응키를 눌렀는데, 이때 반응 시간은 사전에 미리 그 사람의 반응 시간의 분포를 구해서 상대적으로 '아주 빠른' 구간과 '조금 빠른' 구간, '조금 느린' 구간, 그리고 '아주 느린' 구간 이렇게 4개의 반응 시간 구간으로 나누고, 매 시행마다 참가자가 동그라미에 대해 반응하면 그 반응 속도에 따라 다음 과제에서 찾아야 할 T의 위치가 결정되도록 한 것이다. 가령, 어떤 참가자가 동그라미에 대해 이번 시행에서 아주 빠르게 키를 눌렀다면 그다음에 나타나는 T는 화면 우상단에 나타나게 되고, 다음 시행에서 동그라미에 대해 상대적으로 조금 느리게 반응했다면 다음에 나오는 T는 화면 좌하단에 나타나게 한 것이다.

동그라미에 대한 반응 속도에 따라서 T가 나오는 위치가 결정되도록 만든 이 실험은, 만일 참가자가 자신의 반응 속도와 그에 따라서 나타나는 T의 위치를 연합하여 학습할 수 있다면, T에 대한 반응 속도가 시행을 거듭할수록 점점 빨라질 것을 예측한다. 또한, 만일 중간에 이런 연합과는 다른 위치에 T가 나타나면 T에 대한 반응 속도가 느려질 것도 예측할 수 있다. 이러한 예측대로 실험 결과가 나타났으며, 이러한 결과는 참가자들이 자신의 반응과 그 반응의 결과로 나타나는 T의 위치를 연합하여 학습하는 것으로 해석할 수 있다. 더욱 재미있는 것은 모든 참가자들이 실험에 내재해 있는 이러한 규칙(동그라미에 대한 반응 속도와 T의 위치 간의 관계)을 전혀 의식하거나 눈치채지 못했다는 점이다. 즉 의식적인 자각 없이 자신의 반응과 그 반응의 결과를 연합하여 학습했다는 점이다.

스키너 상자에 있는 쥐는 배가 고파서 지렛대를 눌러야겠다고 의식하고 지렛대를 눌렀을까? 쥐가 아니니 알 수는 없다. 하지만 분명한 것은 쥐보다도 더 의식이 없을 것으로 생각되는 하등 동물이나 벌레들도 자신의 행동과 그 행동의 결과로 나타나는 자극이나 상황의 변화에 반복적으로 노출되면 이를 학습할 수 있다는 점이다. 굳이 의식이 필요하지 않다. 그리고 이러한 학습 능력은 그 종(種)이 변화하는 환경에 생존할 수 있도록 도움이 된다.

우리 인간은 언어를 통해 의사소통할 수 있다. 누군가 배고픈 사람에게 저 지렛대를 누르면 음식이 나온다고 알려주기만 하면 된다. 배고픈 쥐가 그랬듯 이것저것 뒤지고 만져 보다가 우연히 지렛대를 눌러 음식이 나오는 것을 반복적으로 학습할 필요가 없다는 말이다. 이런 정보는 즉각적으로 그 사람에게 도움이 되고, 그 정보는 기억으로 저장되어 사용할 수 있게 된다. 우리가 뭔가를 배우는 이유 중 하나도 이러한 좋은 정보들을 얻기 위한 것이다.

언어를 통해 전달되는 이런 의식적 정보들이 의식적 기억으로 저장되고 필요할 때 사용되기도 하지만, 여전히 이러한 정보들은 무의식적으로 그리고 자동적으로 우리 몸에 배어 있지 않다는 한계를 지니고 있다. 우리의 행동은 우리가 의식적으로 아는 것에 의해 쉽게 변화하지 않는다는 말이다. 아버지가 아들에게 "부지런해야 한다. 부지런하면 시간 낭비를 줄이고 네 인생이 더욱 풍요로워질 것이다"라는 정보를 주고 아이를 훈계해도 아이가 그 정보를 마음에 받아들여 부지런해질까? 그보다는 아이가 일찍 일어나서 부지런히 자신의 일을 할 때 아버지가 칭찬을 하여 아이가 기분이 좋아지거나 스스로 부지런히 일해서 뭔가 긍정적인 결과를 얻었을 때 아이는 그러지 말라고 해도 부지런해지는 것이다.

자극과 자극의 반복적 연합, 자극과 반응의 반복적 연합, 반응과 자극의 반복적 연합을 통한 경험적 학습은 이를 의식할 수 있든 없든 상관없이 우리의 행동을 바꾸고, 마음을 바꾸고, 인간을 바꿀 수 있다. 하등 동물이나 하는 매우 기계적인 학습 기제처럼 보여도, 이것이 말도 못하는 그 동물들을 이 험한(?) 세계에서도 지금까지 생존하게 만든 일등 공신이다. 오히려 말을 하는 인간이 이러한 행동의 기제를 너무 과소평가하는 것은 아닌가 돌아볼 필요가 있다.

말과 글을 통해 윤리에 대해 더 배우면 그 사람이 더 윤리적으로 행동하는가? 여러 연구들은 의식적으로 아는 것과 행동하는 것은 별 관계가 없음을 보여준다. 학교 윤리 강의를 들은 학생이 그렇지 않은 학생보다 시험시간에 부정행위를 덜 할까? 무단횡단을 하면 안 되는 것을 모르는 사람들이 무단횡단을 하는가? 종교인들은 비종교인들보다 더 윤리적으로 행동하는가? 운동을 안 하고, 다이어트를 못 하는 사람들이 운동이 좋은지 다이어트가 필요한지 몰라서 안 하고 못 하는가?

도박 중독, 게임 중독, 알코올 중독에 걸린 사람은 중독이 나쁘다는 것을 알지 못해서 행동을 바꾸지 못하고 있는가? 행동 후에 나타나는 결과물들(도파민 분비, 쾌감, 불안 감소 등)을 반복적으로 경험하고 이들 연합이 강하게 형성되어, 나쁘다는 것을 알고 있어도 중독에서 빠져 나오는 것이 힘든 것이다.

좋은 습관이라는 것도 결국 말로 만들어지는 것이 아니라 행동과 그 행동의 결과들이 반복적으로 경험되어 만들어지는 것이다. 이러한 학습은 의식적으로 표현하는 것과는 독립적으로 경험과 자동적 연합에 의해 일어난다. 다만 행동이 만들어지고 나서 말로 표현될 뿐이다. 그것이 사람들로 하여금 전후가 바뀌어, 의식적인 생각이나 의도, 계획에 의해 학습되고 행동이 만들어졌다는 착각을 일으키는 것이다.

따라서 잘못된 학습은 다시 제대로 된 학습으로 행동 수정이 되어야 고쳐진다. 공부하기를 싫어하는 아이가 공부를 어쩌다 했을 때 칭찬과 관심을 받으면 공부하는 행동이 증가할 수 있다. 공부하는 것이 왜 중요하고 왜 필요한지 백날 얘기한다고 잘 고쳐지지 않는다는 말이다. 도덕적인 행동 역시 마찬가지다. 도덕적이고 윤리적인 행동에 대한 적절한 강화

(reinforcement)[•]와 이렇게 강화되는 주변 환경을 제공하는 것이 필요하다.^{••} 이렇게 경험에 의해 체득된 학습은 그 사람의 마음과 행동에 (그것이 비록 의식할 수 있는 수준이 아니라고 하더라도) 강력한 영향을 준다.

● 강화(reinforcement)란 어떤 행동의 결과가 바람직한 결과로 이어졌을 때 그 행동의 강도나 빈도가 증가하는 것을 말한다. 참고로 처벌(punishment)이란 어떤 행동의 결과가 바람직하지 않은 결과로 이어졌을 때 그 행동의 강도나 빈도가 줄어드는 것을 의미한다. 많은 연구들은 처벌보다는 강화에 의한 행동의 수정이 더 효과적이고 지속적임을 보고하고 있다. 떠드는 아이에게 떠들었을 때 처벌을 주어 조용히 만드는 것보다 조용히 할 때 칭찬을 해서 조용히 하는 행동을 강화시키는 것이 그 아이가 조용한 행동을 지속적으로 유지하는 데 더 좋다.

●● 누군가가 바람직한 행동을 하고 강화되는 것을 관찰하는 것도 학습의 중요한 기제다. 그 누군가가 나와 가까운 사람일수록 그 효과는 크다. 법법을 저지르고 잘 살고 있는 사람이나 그런 사람을 관찰한 사람들은 법법을 저지를 가능성이 크다.

15. 암묵적 학습 : 모르지만 아는 것처럼 사용

의식할 수 없지만 뭔가를 배워서 우리 행동에 변화가 일어나고, 그 배운 것을 우리 몸이 사용하는 예를 위에서 언급하였다. 의식적 자각 없이 일어나는 학습을 심리학자들은 암묵적 학습(implicit learning)이라고 부른다(Seger, 1994). 사실 생존에 중요한 것들을 우리가 별 생각 없이도 쉽게 배울 수 있게 우리의 몸이, 우리의 뇌가 그렇게 진화했을 가능성이 크다. 바꾸어 말하자면 생존에 중요한 것을 쉽게 배우는 개체들이 살아남았고 우리는 모두 그런 능력을 갖고 있다.

또 달리 생각하면 생존에 그렇게 중요하지 않은 것들은 학습하기 어려울 수 있다. 외국어(영어) 단어를 외우고, 문법을 공부하고, 수학 공식을 외우고 수학 문제를 풀고, 법조문을 외우는 것이 힘들다면, 그건 거꾸로 우리의 생존에 그렇게 중요한 것이 아니기 때문일 수도 있다(물론 시험 성적이 나빠지면 집에서 살아가기 불편할 수는 있다).

우리는 초등학교에 들어가기 전에 대부분 모국어로 의사소통하는 데 별 어려움이 없다. 친구들뿐 아니라 가족과 친지들, 동네 어른들과 필요한 대화를 거리낌 없이 할 수 있다. 주격 조사나 목적격 조사, 형용사나 부사, 뭐 이런 거 전혀 몰랐어도 잘만 얘기하고 제대로 된 문법을 구사했다. 사실 문법은 중학교나 되어서야 배우기 시작했지만, 그 전에 초등학교 때에도 그 몰랐던 문법을 제대로 사용하고 있었다는 말이다. 우리말이나 영어, 일본어 등 사람들이 사용하는 언어에는 그것을 사용하는 규칙이라는 것이 있다. 그런데 재미있는 사실은 아이들이 그 규칙을 학교에서 배우기 전에 이미 잘 사용하고 있다는 점이다. 복잡한 문법을 누가 가르쳐 주지도 않았는데 말이다. 보이지 않는 규칙을 배우는 것, 이것도 암묵 학습의 일종이다.

심리학자들은 이러한 암묵(무의식적) 학습을 어떻게 실험적인 방법으로 연구했을까? 인공적인 문법(artificial grammar)을 만든다고 생각해 보자. 예를 들면, 아래 그림과 같이 몇 개의 문자들이 나오는 규칙이 있다고 하자. T 다음에는 P가 나오고 P가 반복되거나 T가 나올 수 있다. 그리고 다시 S가 나오거나 X가 나올 수 있다. 하지만 참가자들에게 이런 규칙을 알려 주

지 않은 상태에서 그 규칙에 맞는 문자열들을 계속 제시하는
실험을 생각해 보자(Reber, 1967).

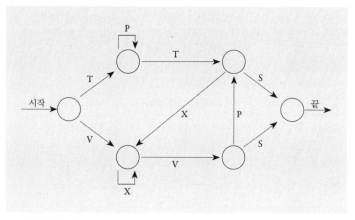

· **인공 문법의 예** (출처: Reber, 1967)

그리고 나서, 참가자들에게 이전에 보여준 적이 없는 새로운
문자열을 제시하되, 규칙에 맞는 문자열(예, TPPTXVPS)과 규칙
에 어긋나는 문자열(예, TPTPVXS)을 보여주고, 어떤 것이 규칙
에 맞고 어떤 것이 맞지 않은지 물어보면, 참가자들은 우연 수
준 이상으로 규칙에 맞는 문자열을 잘 맞춘다. 하지만 참가자
들에게 문자가 나오는 규칙이 무엇인지 구체적으로 물어보면
대부분의 참가자들은 그 규칙을 알지 못한다. 즉 의식적으로
규칙은 알지 못해도 규칙에 맞는 자극들과 그렇지 않은 자극

들을 구별하는 것이다.

인지심리학자들은 이러한 인공적인 문법이 의식적 자각 없이 학습될 수 있으며, 이처럼 의식적 자각 없이 학습되는 다양한 행동들이 갖는 적응적 중요성이 무엇인지에 대해 지금도 연구 중이다. 말할 때 말을 하는 순서나 혹은 함께 나오는 조사(주격 혹은 목적격)의 종류에 따라 의미는 크게 달라질 수 있다(예, '비서의 아버지'와 '아버지의 비서' 혹은 '나는 너를'과 '너는 나를'). 말뿐만 아니라, 음악이나 운동 역시 각각의 음이나 동작들이 시간 차원에서 어떤 순서로 나오는가는 매우 중요하다. 어떤 곳을 갈 때에도 우리는 어떤 장면이 나오고 다음 장면이 나온다는 것을 안다.

우리 인간은 시간 차원과 공간 차원을 뛰어넘어 살 수 없고, 따라서 일련의 사건이나 동작들이 어떤 순서로 전개되는지에 대한 학습은 우리의 생존에 중요할 수밖에 없다. 이러한 학습을 계열 학습(sequential learning)이라고 하는데, 계열 학습은 대표적인 암묵 학습의 예이다(Conway, 2012; Daltrozzo & Conway, 2014). 암묵 학습은 굳이 의식적으로 생각할 필요 없이 반복된 노출이나 반복 연습을 통해 학습되며, 본인이 학습하여 사용하는 내용이나 그 과정을 자각하는 것 자체가 어렵게 되어 있다.

여러분이 수영을 못해서 수영을 배우려고 하는 상황을 생각해 보자. 수영을 잘하는 친구에게 수영하는 법을 물어보고, 잘 기억해 놓았다가 수영하면 되는가? 서점에 가서 수영하는 방법에 대한 책을 사서 모두 읽고 외우고 나면 바로 수영을 할 수 있는가? 당연히 못한다. 수영하는 법을 배우는 것은 일종의 계열 학습이고, 무의식적인 절차 학습에 해당되기 때문이다. 수영하는 법은 말로 표현되는 형태로 뇌에 저장되는 것이 아니라 연속적이고 복잡한 행동의 형태로 뇌에 저장되기 때문이다.

마찬가지로, 골프 선수가 퍼팅 연습을 많이 해서 퍼팅을 잘한다고 해도, 본인이 어떻게 잘하는지에 대한 구체적인 내용은 잘 알지 못한다. 물론 몇 가지 얘기를 할 수는 있어도 그 표현된 말의 내용을 본인이 의식적으로 알기 때문에 퍼팅을 잘하는 것은 아니라는 말이다. 실제로 최근 연구는 골프 선수에게 자신이 퍼팅을 어떻게 하는지 말로 표현하면서 퍼팅을 하도록 하면 아무런 생각 없이 퍼팅을 할 때와 비교하여 퍼팅 수행 능력이 떨어진다는 것을 발견하였다(Flegal & Anderson, 2008). 이러한 결과는 무의식적(암묵) 학습 내용을 말로 표현하는 것, 즉 무의식적 내용을 의식적으로 접근하려는 시도가 오히려 무의식적 학습 내용의 효율적 사용을 방해할 수 있음을 시사한다.

뭔가를 선택할 때도 마찬가지다. 한참 생각하고 나서 고른 것이 최고의 선택이 아닐 경우가 많다. 선호도(preference)에 대한 연구들 역시 그냥(무의식적으로) 좋은 것이 정말 좋은 것일 수 있음을 보여 준다. 한 연구에서 대학생들에게 실험이 끝난 후 두 그림 중에 맘에 드는 그림을 가져가게 했는데 그 그림이 왜 좋은지 말로 설명하게 하고 가져간 집단은 그냥 가져가게 했던 집단보다 자신이 가져간 그림을 덜 좋아하는 것으로 나타났다(Wilson et al., 1993). 의식적으로 이유를 생각하는 것이 그림에 대한 다양한 자신의 (무의식적) 선호 요인들을 왜곡시킬 수 있다.

2부 알 수 있는 마음과 알 수 없는 마음

16. 무의식은 무의식에 맡겨라

우리가 문법에 맞는 말을 하는 것, 자전거를 타고 수영을 하는 것, 바퀴벌레를 보고 소리를 지르는 것, 특정한 맛에 구역질이 나는 것 등은 모두 무의식적인 과거의 학습을 통한 것들이다. 이들 행동을 할 때 의식적으로 생각할 여유도 없고 그러한 의식적 사고가 아무런 도움도 되지 않는다. 영어 문법을 모두 외우고 단어를 많이 알아도, 이야기할 때 영어 문법을 의식적으로 생각하면서 영어로 말한다면 아직 영어를 마스터한 것이 아니다. 말하는 것이 자연스럽게 되려면 문법 같은 거 생각하지 않아도 말이 나와야 한다. 무의식적으로 학습된 행동들은 즉각적이고 자동적으로 나타나는 것들이기 때문이다.

동물들의 행동이 대부분 즉각적인 것처럼, 우리 인류도 초원에서 사냥을 하고 채집을 하던 시절부터 생존에 유리한 즉

각적이고 자동적인 학습 메커니즘을 갖고 있다. 운동선수가
자신의 몸동작 하나하나를 생각하면서 움직이면 평소 연습한
자연스러운 동작이 나타나지 않게 되고, 말하는 사람 역시 자
신의 말을 하나하나 생각하면서 이야기하면 말을 제대로 하기
어려운 이치이다. 포식자에 즉각적으로 반응하지 않고 그것이
무엇인지 그것의 의도가 무엇인지 파악하려고 했던 사람들은
이미 포식자의 먹이가 되어 자손을 남기지 못했을 가능성이
있다.

무엇인가 재빠르게 탐지하고 찾는 것도 생존에 매우 중요하
다. 만일 어떤 장면들이 반복되고 같은 장면에서 우리가 찾아
야 하는 것(그것을 표적이라고 부르기로 하자)이 동일한 곳에 출현
한다면 우리는 그것을 더 빨리 찾을 수 있다.

시각적인 표적을 여러 방해 자극들 가운데에서 찾는 과제
를 심리학에서는 시각 탐색(visual search) 과제라고 부르며, 이러
한 과제를 이용하여 심리학자들은 우리의 주의와 기억의 과정
과 메커니즘을 연구하고 있다. 예일대학교 심리학과의 마빈 천
(Marvin Chun) 교수와 그의 동료들은 이러한 시각 탐색 과정에
서도 우리의 무의식적 정보처리 과정이 중요함을 실험으로 밝
힌 바 있다(Chun, 2000; Chun & Jiang, 1998).

가령, 여러분이 아래 그림과 같이 옆으로 누운 "T"라는 표

적을 "L"이라는 방해 자극들 가운데에서 찾는 과제를 한다고
해 보자. 그림에서 T를 찾았는가? 이들 연구자들은 비슷하지
만 서로 다른 시각 탐색 그림판을 수십 장 만들어서 실험 참가
자들에게 하나씩 보여주며 표적을 찾게 하고 표적을 찾았을
때마다 반응키를 재빠르게 누르게 하여 반응 시간을 측정하
는 실험을 실시하였다.

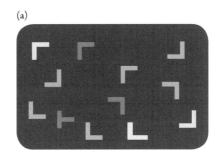

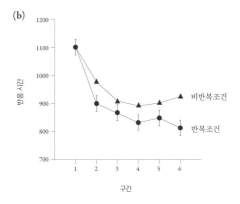

- **탐색 자극 그림판의 예(a)와 실험 결과(b)** (출처 : Chun, 2000)

수십 장의 시각 탐색 그림판을 가지고 탐색 반응 시간을 측정한 후, 연구자들은 이러한 과정을 수십 번 반복하였는데, 이때 탐색 그림판 중 반은 이전과 동일한 것으로, 그리고 나머지 반은 새로 만든 그림판(즉 처음 보는 그림판)으로 구성하여 탐색 과제를 시켰다. 즉 실험 참가자들에게 어떤 탐색 그림판들은 계속 반복되어 노출되게 만든 것이다. 그림판의 자극들이 모두 L이라는 방해 자극들 중에 표적 T를 찾는 것이고 그림판들이 모두 비슷비슷하게 생겨서 대학생들은 이 실험이 모두 끝난 후, 어떤 자극이 반복된 것이고 어떤 자극이 그렇지 않은 것인지 물어봤을 때 대부분 전혀 기억하거나 자각하지도 못하였다.

하지만 재미있는 발견은 반복된 그림판에서는 표적에 대한 반응 시간이 반복이 거듭될수록 빨라지고 있다는 것이다(그림 b). 이러한 효과를 인지심리학에서는 맥락단서 효과(contextual cueing effect)라고 부른다. 비록 의식적으로는 어떤 그림판이 앞서 나왔던 것인지를 전혀 알지 못했지만, 우리의 뇌는 이전에 나왔던 탐색 자극들의 배열을 기억했다가 그 정보를 탐색에 사용하고 있는 것이다.

의식적인 접근이 차단되거나 의식적 자각이 없이도 우리의 많은 행동들이 반복적인 경험과 노출을 통해 학습된다는 사실은 최근 심리학의 매우 중요한 발견 중 하나이다. 현재도 많은 심리학자들이 학습과 기억뿐 아니라 지각(perception)과 주의 집중, 더 나아가서 인간의 고차적인 인지 기능인 추론과 의사 결정에서도 무의식적인 정보처리 (사고)과정들이 개입됨을 증명하고 있다.

우리는 일상생활에서 수많은 결정을 하며 살아가고 있다. 아침에 어떤 옷을 입을까, 점심 때 무엇을 먹을까, 오늘 저녁에는 어떤 일을 할까, 그 친구를 만날까, 만난다면 둘이서만 볼지 아니면 다른 친구에게도 연락을 해서 같이 볼지, 본다면 어디서 만나서 무엇을 할지 등등. 뭐 이런 판단이야 일상적이고 어쩌면 그리 중요한 의사 결정이 아닐지 모른다. 어떤 전공을 선택할지, 공부를 계속할지 아니면 취직할지, 취직한다면 어떤 직장을 선택할 건지, 배우자로 누구를 결정할지, 어디에 투자하고, 어떤 곳으로 이사를 갈지 등을 결정하는 것은 좀 더 비중 있는 일이 된다. 비중 있는 일일수록 사람들은 신중하게 생각하고 또 주변 사람들과도 상의하고, 가능하면 많은 정보들을 수집하여 잘못 판단하거나 실패하지 않으려고 노력한다.

판단을 내려야 할 때 고려해야 하는 요인들이 많고 복잡할수록 우리는 더 많이 생각하고 고민한다. 당연한 일이다. 하지만, 복잡한 문제일수록 더 많이 고민하고 생각하는 것이 정말 좋은 판단을 내리는 데 도움이 될까? 똑같은 자동차를 집

근처에 있는 대리점에서는 2,000만 원에 팔고, 직장 근처의 대리점에서는 2,100만 원에 판다고 하면, 우리는 더 생각할 필요 없이 집 근처에 있는 대리점에서 그 차를 사면 그만이다. 하지만 좀 복잡한 상황을 생각해 보자. 차를 사려고 하는데 관심이 가는 차종이 여러 개 있는 상황이다. 가령 그랜저, 쏘나타, K5, K7, SM5, SM7, BMW320 중에서 어떤 차를 살지 결정한다고 하자. 어떤 차는 가격이 비싸지만, 마력이 좋고 연비가 좋다. 반면에 어떤 차는 상대적으로 가격이 싸고 디자인도 맘에 들지만 마력이 떨어지고 연비도 별로다. 각 자동차의 여러 측면들에 대한 정보들을 수집하고 서로 비교하면 할수록 머리가 복잡해진다.

최근에 다이스터하우스(Dijksterhuis)와 그의 동료들(2006)은 이와 관련하여 재미있는 실험들을 발표한 바 있다. 이들의 대표적인 실험에서 실험 참가자들은 A, B, C, D 네 종류의 자동차와 각 자동차의 특징들을 듣게 된다. 가령 A자동차의 연비는 좋다, B자동차의 디자인은 나쁘다 등등 각 자동차마다 좋거나 나쁜 특징을 연속해서 듣게 된다. 이런 얘기들을 모두 듣고 난 후 참가자들에게 A, B, C, D 중 최상의 자동차를 고르도록 하였다.

여기에서 연구자들은 과제를 쉬운 것과 어려운 것으로 나누어 각각 알아보았는데, 우선 쉬운 과제를 이용한 실험을 간략하게 설명하자면, 각 자동차의 특징에 대한 얘기를 4개로 한정하여 참가자에게 알려 주었다. 즉 각 자동차의 특징 4가지씩 총 16개의 진술문(4종류의 차량 x 4개의 특징)을 듣고 난 후 어떤 자동차가 최상의 조건인지 판단하게 하였다. 그리고 이 판단 과제에서 실제로 어떤 자동차가 제일 좋은지는 정답이 있도록 만들어졌다(사전에 A, B, C, D 중 최상의 조건이 있도록 진술문을 제작함). 이 쉬운 조건에서 일부 실험 참가자들은 16개의 진술문을 모두 듣고 난 후 생각할 시간을 약 4분 주어서 어떤 자동차가 좋은지 판단하게 했고, 나머지 참가자들에게는 자동차에 대해 의식적으로 생각할 수 없도록 4분간 수학 문제를 푼 후 바로 판단하도록 하였다. 실험 결과, 예상한 바와 같이 의식적으로 생각할 시간을 준 집단의 참가자들의 정답(최상의 선택)률이 의식적으로 생각할 수 없게 만든 집단보다 더 높게 나타났다. 의식적인 생각을 통해 판단한 결정이 더 옳았다는 결과이다.

그런데 재미있는 것은 어려운 과제를 사용한 실험이다. 연구자들은 앞의 실험과 똑같은 실험을 하되, 이번에는 A, B, C, D 자동차에 대해 각각 12가지의 특징을 진술하는 문장을 만들어 들려주었다. 따라서 이 실험에서 참가자는 총 48개의 진술문(4종류의 차량 × 12개의 특징)을 듣게 되었는데, 앞선 실험의 참가자보다 최상의 선택을 하는 것이 좀 더 어렵고 복잡할 수밖에 없는 상황이었다. 이 어려운 의사 결정 조건에서 참가자들의 판단은 어떠했을까? 놀랍게도 쉬운 조건과 정반대 결과가 나타났다. 즉 의식적으로 생각할 수 있도록 시간을 준 집단에 비해, 4분 동안 의식적인 생각을 하지 못하고 수학 문제를 푼 집단의 정답률이 월등히 높은 것으로 나타난 것이다. 어떻게 이런 일이 일어날 수 있단 말인가? 의식적으로 심사숙고할 시간을 준 집단의 판단이 그 시간 동안 다른 일(수학 문제 풀이 등)을 하느라 생각하지 못했던 집단보다 어떻게 더 나쁠 수 있다는 말인가?

쉽고 간단한 문제는 생각하는 것이 도움이 되지만, 어렵고 복잡한 문제는 오히려 의식적으로 생각하는 것이 올바른 판단을 하는 데 전혀 도움이 되지 않고 오히려 방해가 된다는 이들의 연구 결과가 의미하는 바는 무엇인가? 이 실험에서 4분 동안 수학 문제를 푼 참가자들은 정말 수학 문제 이외에 자동차에 대한 생각을 전혀 하지 않은 것일까? 실제로 연구를 자세히 살펴보면 어떤 참가자들에게는 진술문을 들려준 후 4분이라는 시간을 주지 않고 바로 판단을 내리게 하기도 하였는데, 쉬운 조건에서는 4분 동안 생각하게 한 집단보다 이들의 판단이 좋지 않았고(즉 생각하는 것이 도움이 됨), 복잡한 조건에서도 역시 판단이 좋지 않았다. 즉 복잡한 조건에서 4분 동안 생각하게 한 집단이나, 생각할 시간을 주지 않고 바로 판단하게 한 집단이나 모두 정확한 판단을 하지 못했다는 말이다. 오직 4분 동안 수학 문제를 푼 집단만이 월등히 좋은 판단을 내렸다. 이러한 결과는 복잡한 문제에 대한 의사 결정을 할 때 생각을 하는 것도 생각을 하지 않는 것도 모두 도움이 되지 않는다는 말이다. 그렇다면 4분 동안 수학 문제를 푼 집단은 어떻게 좋은 판단을 할 수 있었을까?

연구자들은 이렇게 설명하고 있다. 복잡한 문제일수록 우리의 의식적인 기억과 사고 과정은 처리할 수 있는 정보의 양에 한계가 있어서 모든 정보를 골고루 균형 있게 고려하기가 힘들다. 따라서 어떤 정보에 편파적이거나 편향되어 잘못된 판단을 하기 쉽다는 것이다. 반면에 무의식적인 정보처리 과정은 많은 정보들을 편향되지 않게 처리할 수 있는 능력이 있다. 48개의 진술문을 듣고 나서, 4분 동안 수학 문제를 푼 집단은 비록 의식적으로는 자동차 문제가 아닌 다른 생각을 하고 있었지만 *4분 동안 무의식적으로는 자동차에 대한 정보들을 정리하고 계산했다고 할 수 있다.* 결론적으로, 무의식적인 정보처리 시간이 주어진 집단의 판단률이 즉각적인 판단을 하거나 혹은 의식적으로 생각할 시간이 주어진 집단에 비해 더 높게 나타난 것이다. 이러한 무의식적 의사 결정의 정확성은 비단 자동차를 고르는 위의 상황에만 해당되는 것이 아니라, 함께 지낼 룸메이트를 구하거나 어떤 아파트를 선택할지 다양한 상황에도 같은 결과를 보였다.

여러 대안들 중에 어느 것이 가장 좋을지 판단할 때, 우리는 사안이 복잡할수록 더욱 심사숙고하여 생각하고 또 생각하여 결정하곤 한다. 하지만 이러한 우리의 노력이 의식적 정보처리의 제한으로 인해 오히려 잘못 판단하는 결과를 낳을 수 있다는 연구 결과는 우리의 일상적인 상식과 배치되는 것이다. 거실에 놓을 소파를 어느 것으로 하는 것이 좋을지, 어떤 대학의 어떤 전공이 좋을지, 어떤 직장을 선택하고, 어떤 배우자를 선택하고, 어떤 집을 선택해야 할지 등등 우리는 많은 대안들 중에 최상의 선택을 하기 위해 오늘도 생각하고 또 생각한다. 하지만 위의 연구 결과는 복잡한 문제일수록 각 대안들의 특징들을 잘 살펴보고, 결정하기 전 그 대안들의 특징들에 대해 곰곰이 생각하기보다는 잠시 그 문제를 잊고 다른 일을 한 후 의사 결정해 보기를 권하고 있다.

무의식적 의사 결정과 관련하여 재미있는 실험 하나를 더 설명하겠다. 축구나 야구를 좋아하는 사람들은 자신들이 응원하는 팀뿐 아니라 그 팀이 속한 리그의 다른 팀들의 전력에 대해서도 관심이 많을 것이다. 한 연구에서 축구에 관심이 많고 축구팀들을 잘 아는 사람들과 축구에 대해 잘 모르고 관심이 없는 사람들을 대상으로 일주일 후에 있을 월드컵 예선전의 4경기(8개의 국가대표팀이 벌이는 경기)를 알려주고 그 결과를 예측하도록 시켰다(Dijksterhuis et al., 2009). 이때 위와 마찬가지로 판단을 내리기 전 2~3분 동안 의식적으로 생각할 시간을 준 사람들이 있고, 2~3분 동안 수학 문제를 풀도록 한 사람들(무의식 조건)이 있었다. 실험자도 일주일이 지난 후 경기 결과가 나와야 알 수 있는 상황이었다. 일주일이 지나고 4개의 경기 결과가 나온 후에 각 집단의 판단 정확도를 비교해 보았다.

여러분은 앞에서 설명한 실험 결과를 근거로 어떤 결과를 예측하는가? 축구에 대해 전혀 관심이 없는 사람들은 의식적으로 생각하게 하건 무의식적으로 정보를 처리(수학 문제를 푼 조건)하건 간에 경기 결과를 잘 예측하지 못했다. 하지만 놀라운 것은 축구를 잘 아는 소위 축구 전문가 경우에 의식적으로 생각할 시간을 준 사람들이 수학 문제를 풀고 나서 바로 판단을 한 사람들의 예측보다 훨씬 부정확했다는 점이다. 즉 무의식적 사고를 통해 전문가는 자신이 가지고 있는 팀에 대한 지식과 전력을 편향되지 않게 잘 활용하여 더 정확하게 예측하고 있는 것이다.

많은 경험과 지식을 통해 전문가가 된 사람들은 종종 해당 분야에서 "왠지 모르지만 이럴 것 같다 혹은 저럴 것 같다"는 예측을 하던지 혹은 어떤 대상에 대해 "이유는 모르겠지만 이건 좋고, 이건 아니다"는 등의 평가를 하곤 한다. 스포츠 경기에서 어떤 팀이 이길 것인지 예측한다든가 혹은 어떤 예술 작품을 보거나 듣고 평가를 하는 경우가 그런 예이다. 그런데, 보통 이런 예측이나 평가에서 전문가들에게 이유를 말하지 말고 단순한 예측 결과나 평가 결과만을 얘기하게 하는 경우와, 자신의 판단 이유를 말하면서 예측이나 평가를 하게 하는 경우를 비교해 보면, 전자가 후자보다 더 정확한 판단을 하는 것으로 나타난다. 이유를 말해야 하는 경우에는 의식적으로 더 생각해야 하기 때문에 몇몇 특징들에 의해 사고가 편향될 수 있기 때문이다. 반면 이유를 말하지 않아도 되는 조건에서는 우리가 일상적으로 말하는 '감'이나 '직관'으로 판단하는 것처럼 보이지만, 실제로는 전문가 자신이 갖고 있는 많은 지식과 정보를 무의식적으로 처리하여 판단한 것이다.

이제, 다시 한 번 정리해 보자. 여러분이 판단하고 행동할 때 무엇이 필요한가? 우선 많은 정보, 지식, 경험 등이 필요하다. 그리고 생각 외로, 우리의 의식적 노력은 그리 중요하지 않다. 여러분의 뇌는 여러분이 수집한 정보와 지식(여기에서 지식은 언어적으로 표현할 수 있는 지식도 있지만 운동 기술처럼 몸으로 익힌 지식도 포함된다)을 자동적으로 이용할 수 있게 해 줄 것이다. 오히려 의식적으로 생각하는 것이 이런 지식을 무의식적이고 자동적으로 처리하는 데 방해를 줄 수 있다. 따라서 그동안 많이 공부하고 많이 연습하고 많이 훈련을 받았다면 여러분은 여러분의 뇌를 믿는 것이 현명하다. 자신감을 갖는 것이 중요하다.

'자신감' 하면 뇌와 관련이 없는 정신적인 것이라 생각하는 사람들이 있을 수 있겠지만, 자신감, 믿음이라는 것 역시 뇌와 관련이 있다. 자신감이 있고, 믿음이 있는 사람들이 많은 판단과 행동에서 좋은 수행을 보이는 심리학 연구들은 많다(예. Feltz, Short, & Sullivan, 2008; Stajkovic & Luthans, 1998). 그 이유 중 하나는 자신감이 있는 사람들은 의식적으로 잡생각을 하지 않기 때문이다.* 잘못하면 어떡하나, 내가 이런 실수를 하지 않을까, 내가 여기서 잘못하면 사람들은 뭐라 비웃을까 등등 이

● 특히 작업기억(working memory, 단기간 생각하고 기억하는 능력)이 높은 사람들일수록 스트레스가 심한 위기 상황에서 여러 생각들 때문에 일을 그르치는 경향이 있다. 학교에서 보는 수능모의고사에서는 좋은 성적을 받는 학생이 정작 중요한 (긴장과 스트레스가 더 있는) 수능 본고사에서는 시험을 망치는 일이 종종 발생한다. 피아노 연습은 잘하는데, 막상 본 대회에서는 엉망으로 연주하는 일처럼. 이런 사람들은 연습할 때 미리 높은 긴장감이나 스트레스 상황에 직면해서 훈련하고(Beilock, 2010) 본 게임이나 본 대회에서는 자신감을 갖고 잡생각을 차단하는 것이 필요하다. 연습은 실전처럼, 실전은 연습처럼.

런 의식적인 잡생각들은 수행을 방해할 수 있다. 따라서 믿음과 자신감을 갖는 것은 그것이 설령 근거 없는 것일지라도 일단 많은 행동들에 도움이 될 수 있다.

17. 말로 표현할 수 있는 마음과
말로 표현할 수 없는 마음

우리의 마음을 담당하는 기관은 뇌(Brain)다. 이제는 대부분의 사람들이 이 사실을 알고 있다. 사실 기원전 500~400년에도 우리의 정신 과정을 담당하는 곳이 뇌에 있다고 생각한 사람들의 기록이 있지만, 뇌가 마음을 관장하는 기관이며 뇌의 특정 영역들이 마음의 여러 기능들(보고, 듣고, 말하고, 기억하고, 생각하는 등등)을 어떻게 담당하는지에 대한 체계적인 연구가 시작된 것은 최근 20세기 들어서다. 뇌와 마음 간의 관계에 대한 과학적 연구가 가히 폭발적으로 일어난 시기는 최근 20~30년에 불과하다.

뇌 안에는 여러분의 감각, 지각, 기억, 생각 등 모든 것이 들어 있다. 심지어 여러분의 몸도 그 곳에 있다. 손의 감각을 느끼는 곳도 사실 손이 아니라 손을 담당하고 있는 뇌의 체감각 영역이다. 즉 여러분이 아무리 멀쩡한 손이 있어도 손을 담당하는 뇌 영역이 손상되면 여러분의 손은 아무것도 느낄 수 없다. 반대로, 사고를 당해 손이 없는 사람도 손의 감각을 느낄 수 있다. 이러한 현상을 환상지(phantom limb) 현상이라고 하는데, 사고로 손이나 발이 잘려 나간 환자들이 없어진 손가락이나 발가락이 가렵거나 아프다고 호소하는 일이 일어난다. 이유는 간단하다. 그 신체 부위를 담당했던 뇌 영역은 여전히 멀쩡하게 남아 있고, 활동을 하고 있기 때문이다.

집 안을 돌아다니다 무심코 발끝을 탁자 모서리나 문지방에 부딪힌 경험이 있을 것이다. 부딪히고 나서 약 0.1초 후(거의 동시라고 느낄지 모르겠지만, 우리가 고통을 느끼기 위해서는 발끝에서 뇌까지 신경 정보가 전달돼야 하며, 이때 약간의 시간이 걸린다)에 우리는 고통을 느끼고 발가락을 움켜지게 된다. 우리 뇌가 발의 통증을 느낀 것이다. 손과 발을 비롯해서 우리 피부나 우리 신체에 체감각을 탐지하는 신경이 있는 곳이면 우리 뇌는 그곳에서 어떤 일이 일어나는지 알 수 있다. 손에 뜨거운 것이 닿으면 그것을 느껴 손을 피한다. 우리의 신체는 두개골 안에 꼭꼭 숨겨 보호되고 있는 뇌에게 외부 세상의 온도가 어떤지, 어떤 위험한 것들이 있는지 등에 대해 수시로 보고하고 있다. 뇌는 끊임없이 우리의 신체로부터 정보를 받고, 또 각 몸의 지체들이 어떻게 움직여야 할지 명령 내리고 있다.

하지만, 체감각을 탐지하는 신경이 없는 우리의 다른 신체기관들은 어떠한가? 가령 우리의 간에는 간세포가 손상되어도 그것을 탐지하는 신경이 없기 때문에 우리의 뇌는 스스로 간이 이상해지는 것을 알 수 없다. 우리의 가장 똑똑한 뇌 역시, 뇌 세포에 이상이 생겨도 스스로 그것을 알아차릴 수 없는 결정적 한계를 지니고 있는 것이다. 극단적으로 얘기하면, 우리의 뇌는 우리의 손가락이 작은 가시에 찔리거나 다쳐서 살점이 조금만 찢겨 나가도 그것을 알고 커다란 고통으로 울부짖지만, 자신의 소중한 뇌가 수술실에서 잘려 나가거나 출혈로 인해 수많은 뇌세포가 죽어가고 있어도 전혀 고통을 느끼지 못하고 알지도 못한다.

우리 뇌를 보면 가장 크게 눈에 띄는 것이 우리 신체 대부분에 오른쪽과 왼쪽이 있는 것처럼(눈, 귀, 손, 발 등이 좌우로 있는 것처럼) 대뇌피질도 좌 반구와 우 반구로 나뉘어 있다는 점이다. 좌측 시야에 보이는 것은 우뇌로, 우측 시야에 보이는 것은 좌뇌로 전달된다. 여러분이 어떤 사람의 얼굴 중앙을 보고 있으면 왼쪽에 보이는 얼굴 부분은 여러분 우뇌로 전달되고, 오른쪽에 보이는 얼굴은 좌뇌로 전달된다. 만일 아래 그림처럼, 한쪽 얼굴은 여자고 다른 쪽 얼굴은 남자인 그림을 보여 주면, 여러분의 우뇌는 여자를 보았다고 하고, 좌뇌는 남자를 보았다고 서로 싸울 수도 있다.

물론, 우리의 좌우 뇌는 서로 싸울 필요가 없다. 그 이유는 좌우 뇌를 서로 연결시켜 주는 신경다발인 뇌량(corpus callosum)이 있기 때문이다. 뇌량을 통해 좌우 뇌는 정보를 서로 주고받으면서 각각의 뇌가 미처 알지 못하는 것을 보완해 주고 통일된 행동을 가능하게 해 준다. 그런데 만일 뇌량이 절단되면 어떻게 될까? 두 개의 분리된 뇌를 갖고 있으면 마음도 두 개가 될까?

뇌전증(전에는 간질이라고 불리던 병) 환자 중에는 한쪽 반구에서 일어난 발작이 다른 쪽 반구로 전이되는 것을 막기 위해 외

2부 알 수 있는 마음과 알 수 없는 마음

과 수술을 통해 뇌량이 절단된 경우들이 있고, 이러한 환자들을 분리 뇌(split-brain)환자라고 부른다. 분리 뇌 환자를 통해 다양한 좌우 반구의 기능들이 연구되었다.

실제로 분리 뇌 환자에게 화면 중앙을 응시하게 한 후 앞의 그림을 보여주고 나서 어떤 사람을 보았는지 말하게 하면, 이 환자는 "남자를 보았다"고 대답할 것이다. 하지만 여자와 남자 사진을 보여주면서 방금 본 사진을 왼손으로 가리켜 보라고 하면 이 환자는 여자 사진을 가리킬 것이다. 어떻게 한 사람이 다른 대답을 할 수 있을까? 분리 뇌 환자라서 그렇다. 말을 이해하고 말을 하는 기능, 즉 언어 기능은 좌측 뇌가 주로 담당하는데, 오른쪽 시야에 있는 남자 얼굴이 좌뇌로 전달되고 따라서 어떤 얼굴을 보았는지 말로 대답할 때는 좌뇌가 알고 있는 남자를 얘기하게 되는 것이다. 하지만 왼손으로 가리키라고 할 때는 상황이 다르다. 왼손은 우리의 우뇌가 담당하고 있기 때문에,* 우뇌가 알고 있는 여자의 얼굴을 우뇌의 명령에 따라 왼손으로 가리키게 되는 것이다(Gazzaniga, 1995; Gazzaniga, Ivry, & Mangun, 1998).

● 우리의 왼쪽 신체는 우뇌가 담당하고, 오른쪽 신체는 좌뇌가 담당한다. 따라서 오른쪽 뇌가 손상된 환자들은 왼쪽 신체가 마비되거나 불편함을 느끼게 되고, 반대로 왼쪽 뇌가 손상되면 오른쪽 신체를 움직이지 못하거나 감각이 사라지는 일들이 발생한다.

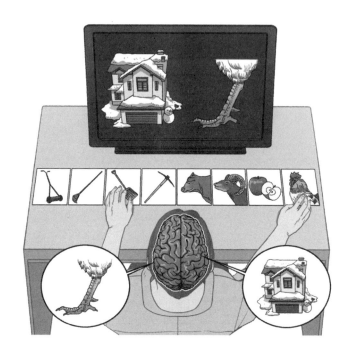

    이처럼 실험실 상황에서 분리된 좌뇌와 우뇌는 서로 의사소통 없이 각자 정보를 처리하여, 마치 한 사람이 두 사람처럼 각기 행동하고 따로 행동한 자신들(?)의 행동을 뒤늦게 짜 맞추는 행동을 하기도 한다. 분리 뇌 환자에게 좌측 시야에는 집 앞에 눈이 쌓인 장면을, 우측 시야에는 닭발을 보여주고 나서, 조금 전 보았던 화면과 가장 관계있는 그림을 여러 보기들 중에 고르게 하면 어떻게 될까? 좌측 시야의 눈 쌓인 장면은 우

뇌로 들어가고 우뇌는 다시 왼손을 통해 가장 관련 있는 눈 삽(눈을 푸는 삽)을 선택할 것이다. 마찬가지로 우측 시야의 닭발은 좌뇌로 들어가고 오른손을 통해 닭 머리를 선택하게 될 것이다. 여기까지는 이미 우리가 예상한 바이다.

하지만 분리 뇌 환자에게 왜 그런 선택을 했는지 물어보면 분리 뇌 환자는 무엇이라 대답할까? 우선 닭 머리를 선택한 것은 닭발을 보았기 때문이라고 대답할 것이다. 그러면 눈삽을 왜 선택했는지 묻는다면? 눈 쌓인 장면이 들어간 우뇌는 언어적으로 이를 표현할 방법이 없다. 따라서 대부분의 참가자들은 언어를 사용하는 좌뇌를 사용하여 다른 이유를 둘러댄다. "저 삽으로 닭장 청소도 하고, 뭐 그럴 수 있잖아요." 좌뇌가 자신의 행동을 뭔가 그럴 듯한 것으로 해석해 주는 역할(interpreter)을 하는 것이다(Gazzaniga, 2000).

비슷한 실험 예로, 분리 뇌 환자의 왼쪽 시야에 '웃어요'라는 글자를 보여주면, 많은 환자들이 소리 내어 웃곤 한다. 물론 오른쪽 뇌가 '웃어요'라는 글자의 의미를 이해했기 때문이지만, 웃는 이유를 물어 보면 대답을 해야 하는 좌뇌는 오른쪽 뇌를 알 수가 없어, 단지 웃는 자신의 행동으로 뭔가 이유를 만들 수밖에 없다. 따라서 환자들은 실험이 재미있어서 혹은 연구자들이 웃겨서 웃었다는 말을 하게 된다.

이렇게 말을 만들어 내는 것을 작화(confabulation)라고 한다. 마치 앞서 언급했던, 최면이 깨어난 후 창문을 열면서 다른 이유를 말하는 사례나 비둘기를 무서워하는 이유를 얘기하는 것과 비슷하다는 느낌을 독자들은 가졌을 것이다. 의식할 수 없거나 말로 표현할 수 없는 자신의 행동에 대해 뭔가 그럴 듯한 이유를 우리의 '말하는 뇌'는 애써 찾으려고 하는 것이다.

사실 분리 뇌 환자들이 일상생활할 때는 거의 불편을 느끼지 않고, 주변 사람들도 이처럼 이상한 낌새를 잘 눈치채지 못한다. 그 이유는 우리가 눈을 움직이면서 좌측 시야에 있던 정보가 우측 시야로도 오고, 따라서 같은 시각정보들이 우뇌와 좌뇌 모두 갈 수 있기 때문이다. 하지만 분리 뇌 환자들에게 가끔씩 두 사람이 한 사람 안에 살고 있는 듯한 행동들이 보고되기도 한다. 가령 길을 지나가다 동냥하는 걸인에게 오른손(좌뇌)으로 돈을 꺼내 주려고 하는데 이를 본 우뇌가 왼손으로 돈을 주려는 오른손을 막는 일이 발생하기도 하고, 친구들과 카드 게임을 하다가 게임에서 졌을 때 좌뇌는 차분하게 "괜찮다"고 얘기하지만 우뇌는 기분 나쁜 듯 왼손으로 테이블을 내리치는 행동 등을 보이기도 한다.

좌우 뇌가 뇌량으로 연결된 정상인의 경우도 사실 좌우 반구뿐 아니라 뇌 영역 여러 곳에서 일어나는 뇌 활동, 즉 여러 마음의 모습이 각각 동시에 발생할 수 있다. 이런 모습은 일관될 수도 있지만 서로 상반되고 모순적일 수도 있다. 어떤 대상에 대해 열정이나 화가 나는 뜨거운 마음(뇌의 특정 영역의 활동)과, 이성적으로 판단하는 차가운 마음(또 다른 뇌의 영역)이 동시에 나타날 수도 있다. 그 대상과 관련된 과거의 나쁜 기억과 좋은 기억들(기억과 관련된 또 다른 뇌 영역들)이 동시에 떠오를 수도 있다. 여러 영역들이 잘 연결된 정상적인 뇌는 이러한 동시 다발적인 뇌의 활동(여러 마음)들에 대해 생각하고 통제하고 조정하면서(뇌에서 행정부 역할을 하는 또 다른 영역) 비교적 일관된 행동을 만들어 낸다. 하지만 최종 표현된 뇌 활동만 그 사람의 마음이 아니다. 말로 표현할 수 없거나 스스로도 알지 못하고 묻어버린 마음도 뇌에서 일어난 활동이라면 과학적으로 측정 가능한 그 사람의 마음이다.

인간도 동물이기 때문에 말이 필요 없는 중요한 학습 기제를 가지고 있고, 이러한 자동적이고 무의식적인 학습에 의해 우리의 많은 행동과 마음이 결정된다. 따라서 말로 표현할 수는 없지만 우리 뇌에 저장되고 사용되는 정보들의 유형과 특성들을 이해하는 것이 매우 중요하다. 비록 인간의 무의식적 인지 과정, 혹은 정보처리 과정에 대해 관심을 갖고 과학적인 연구를 심도 있게 시작한 것은 30~40년도 채 되지 않지만, 지금도 우리 연구실을 비롯하여 세계 여러 심리학 연구실에서 인간의 무의식적 정보처리 과정과 그 메커니즘을 연구하고 있다.

그렇다면, 무의식적으로 처리되는 정보와 대비하여 우리는 어떤 정보들을 의식하게 되는가? 그리고 굳이 그 정보를 의식해야 하는 이유는 무엇일까? 결론부터 말하자면, 우리는 우리의 감각기관으로 들어오는 정보 중에 우리가 주의를 기울인 정보들만 의식할 수 있다. 그리고 의식된 정보는 의식할 수 있는 기억으로 남을 수도 있고, 다른 사람과 의사소통하는 데 사용될 수 있다. 의식된 정보는 다른 사람들과 함께 살아가면서 나에게 도움이 되고 다른 사람에게 도움도 될 수 있다. 중요한 정보를 서로 주고받으며, 먹이도 찾고, 인정도 받고, 위험에서 미리 피하는 등 인류가 집단을 이루면서 함께 번식하고 생존하는 데 중요한 역할을 담당해 온 것이다.

3부

네 마음을 알라

18. 우리는 선택한 정보만을 의식할 수 있다

여러분이 지금 책을 읽으면서 이 문장을 의식적으로 자각하고 이해할 수 있는 것은 여러분이 주의를 기울였기 때문이다. 즉 눈으로 들어오는 시각정보를 여러분의 뇌가 선택한 것이다. 감각기관을 통해 들어오는 모든 정보를 우리가 모두 다 처리할 수 없기 때문에(지금 책을 열심히 읽고 있는 사람은 자신의 다른 감각기관으로 들어오는 정보들을 의식하지 못했을 수 있다. 가령 여러분의 엄지발가락에서 들어오는 감각 같은 것) 우리는 어떤 정보는 선택해서 더 정교하게 처리할 필요가 있다.

정보의 선택은 우리가 흔히 애기하는 '주의'를 기울인다는 것과 비슷하다. TV를 보고 있다가 누군가가 말을 걸어서 그 사람의 말에 주의를 기울이면, 우리는 비록 열린 귀에(귀는 눈처럼 감을 수 없다) TV에서 나오는 말들이 들어오기는 하지만 그 내용을 의식할 수 없는 것과 같다. 오래전에 많은 심리학자들이 이런 종류의 주의 실험을 하였는데, 한쪽 귀에 하나의 이야기를 들려주면서 그 이야기에 주의를 기울이게 하는 경우, 다른 쪽 귀에 같은 크기로 다른 이야기를 들려주어도 그 이야기에 나오는 단어 하나조차 기억하지 못함을 발견하였다. 주의는 이처럼 들어오는 정보 중 일부를 선택하고 일부는 걸러내는 기능을 하며, 선택된 정보를 인식하고 저장하는 데 중요한 역할을 한다.

주의 능력이 떨어진다는 것은 원하지 않는 정보를 걸러내는 기능을 잘 못한다는 것을 의미한다.[*] 따라서 주의를 두어야 할(즉 선택해야 할) 정보 이외에 다른 잡다한 주변 정보들에도 주의를 줘서 결국 목표가 되는 대상이나 사건에 대한 일관된 정보 선택을 하지 못하게 되고 제대로 된 정보의 저장(기억)

● 모란과 데시몬(Moran & Desimone, 1985)은 원숭이 뇌신경 활동의 측정을 통해 주의 메커니즘이 방해하는 자극을 억제해서 일어난다는 것을 밝힌 바 있다. 인간 행동 측정을 통해 카일 케이브(Kyle Cave) 교수 연구실에서 우리 연구진들도 같은 결론을 내린 바 있다(Cepeda, Cave, Bichot, & Kim, 1998). 또한 김소연, 박수진, 마빈 천(Marvin Chun) 교수와 함께 수행했던 연구에서 우리의 주의를 방해하는 자극들과 관련한 정보를 머릿속에서 미리 생각하면 방해를 덜 받는 것을 발견하였다(Kim, Kim, & Chun, 2005; Park, Kim, & Chun, 2007). 가령 투수가 공을 던질 때 투수를 야유하는 관중들의 말소리가 주의를 산만하게 한다면, 말소리와 같이 언어적인 정보들을(예, "가나다라마바사…" 와 같은)을 마음속으로 중얼거리면 도움이 될 것이다.

도 할 수 없는 결과를 초래하게 된다.

여러분은 지금 이 책을 읽고 있다. 어떤 정보에 주의를 집중하고 있는가? 이 글의 '의미'를 이해하는 데 주의를 쏟고 있을 것이다. 제대로 읽고 있는 것이다. 필자가 고등학교 다닐 때 일화이다. 나는 동네 독서실을 다니면서 공부를 했는데, 그 독서실에 매일 나와서 늦게까지 자리를 지키며 공부를 하던 여학생이 있었다. 나는 한두 시간 공부하면 10분은 놀아 줘야 하는 타입인데, 그 여학생은 방과 후에 독서실에 와서는 밤늦게까지 줄곧 책상에 앉아 열심히 책을 보고 있었다. 다른 학교에 다니는 그 여학생에 대해서 잘 알지는 못했지만 공부를 잘할 거라 생각했다. 그러다 우연히 그 여학생을 잘 알고 있는 친구로부터 그 여학생이 공부를 잘 못한다는 얘기를 들었다. '아니, 저렇게 열심히 공부하는데 왜 그럴까?'

그러다 어느 날 나는 그 여학생 자리를 지나가면서 그 여학생의 책을 우연히 보게 되었고 가졌던 의문이 풀렸다. 그 여학생 책에는 'ㅇ'이나 'ㅁ'과 같은 문자들이 까맣게 칠해져 있었고, 그 이후에도 그 여학생 자리를 지나갈 때마다 까만 칠을 열심히 하고 있는 그녀 모습을 보았다. 그 여학생은 오랜 시간 동안 책을 보고 있었지만, 글자들의 물리적인 모양에 주의를 기울이고 있었고, 문장의 의미에는 주의를 두지 않았을 가능성이 있다. 그러니 아무리 책을 오래 보고 있으면 뭐하겠나. 글의 의미가 저장되지 않을 텐데……

사실 1970~1980년대에 일군의 인지심리학자들이 기억과 관련된 중요한 실험들을 수행하고 제안한 기억의 '처리 수준' 이론이 있는데, 이 이론은 기억할 정보의 처리 수준이 기억의 강도를 결정한다고 주장하고 있다. 의식적 기억의 강도는 우리가 얼마나 입력되는 정보를 의미 있게, 중요하게 처리하느냐에 따라 그 기억이 얼마나 오래 잘 저장될지 결정된다는 것이다. 공부할 때 같은 내용이라도 의미를 부여해 가며, 또한 자신과 관련지어 암기를 한다면 그냥 주입식으로 외우려고 할 때보다 훨씬 더 잘 기억할 수 있다. 물론 이러한 기억은 의식적 기억에만 해당된다. 암묵적 기억과 처리 수준과는 별 관련이 없다.

다시 본론으로 돌아와서 우리는 보거나 듣고 있어도 들어오는(입력되는) 시각이나 청각정보들을 모두 처리할 수 없고, 주의를 준 선택 정보만을 의식적으로 알게 된다(자각한다, be aware of). 이제는 조금 유명해진 대니얼 사이먼스(Daniel Simons) 교수가 했던 실험을 예로 들어보자(Simons & Chabris, 1999). 이 실험에는 약 30초 동안 하얀 옷을 입은 3명의 학생과 검을 옷을 입은 3명의 학생들이 이리저리 움직이면서 서로 같은 옷을 입은 사람들끼리 농구공을 주고받는 장면이 나온다. 실험자는 이 장면을 보여 주면서 실험 참가자들에게 하얀 옷을 입은 사람들이 농구공을 몇 번 패스하는지, 그 횟수를 정확하게 세어 보라고 지시한다. 혹시 아직 이 실험을 보거나 들어본 적이 없는 독자라면, 인터넷에 들어가서 이 실험을 한번 직접 해 보고 다시 읽길 권한다.* 다시 얘기하지만, 중요한 것은 흰 옷을 입은 사람들이 몇 번 패스하는지 정확하게 세는 일이다. 다 세었다면 다음 문단을 읽어도 좋다.

2000년 초반부터 대학에서 '인지심리학'을 강의할 때 대학생들에게 보여 주었던 실험이다. 이제는 방송에도 소개되어 학생들 절반은 이미 알고 있기 때문에 고릴라를 많이 본다. 알고 있으면 지나가는 고릴라에 주의가 간다. 하지만 전혀 알지 못할 경우나 정말 흰 옷을 입은 사람들이 몇 번 패스하는지에만 주의를 집중했다면 그 장면에 나오는 고릴라를 못 보는 것이 당연하다. 아직도 많은 학생들이 내 수업 시간에 고릴라를 보지 못한 자신에 대해 놀란다. 작은 쥐 한 마리가 지나가는 것도 아니고, 어떻게 커다란 고릴라를 뒤집어 쓴 사람이 천천히 걸어가다가 가슴까지 몇 차례 치고 가는 것을 보지 못할 수가 있을까? 이미 얘기했다. 주의를 주지 않으면 못 본다고. 이러

● http://www.youtube.com/watch?v=vJG698U2Mvo

한 현상을 '부주의맹(inattentional blindness)'이라고 부른다(Mack & Rock, 1998). 주의를 기울이지 못하면 앞을 못 보는 것과 같다는 뜻이다.

이 실험에서 재미있는 현상 중 하나는 실험 참가자들이 자신이 못 볼 수 있다는 사실에 놀란다는 것이다. 놀란다는 것은 받아들이기 힘들고, 인정하기 싫다는 뜻이다. 그저 신기하고 놀라운 실험에 불과한 것인가? 아니다. 이러한 실험은 우리의 일상생활에 매우 중요한 시사점을 제공하고 있다. 가령 누군가가 강도를 당해 비명을 지르며 쓰러지는 범죄 현장을 생각해 보자. 이때 소리를 듣고 주변에 있던 여러 사람이 피해자가 있는 곳으로 시선을 돌렸다고 가정하자. 만일 피해자 옆에 있던 한 사람이 가해자인 것처럼 행동하거나 이상하게 행동한다고 상상해 보자. 이런 장면에서 주변의 목격자들은 가해자처럼 행동하는 그 사람이나 이상하게 행동하는 사람에게 주의를 쏟을 것이다. 그리고 실제 가해자는 현장에서 그 목격자들 앞을 천천히 걸어 지나갔다고 생각해 보자. 나중에 실제 가해자가 경찰 수사를 통해 용의자 중 한 명으로 지목되고, 그 현장에 있던 많은 사람들에게 실제 가해자를 보여 주며, 그가 현장에 있었는지 묻는다면 누가 그를 보았다고 대답할 수 있을까?

많은 사람들이 눈을 부릅뜨고 보고 있어도 주의를 받지 못한 대상은 보이지 않는다. 어떻게 사람들이 많은데, 범인을 아무도 못 볼 수 있냐고 묻지 마라. 당신이 고릴라를 못 본 이유나 마찬가지니까. 여러 사람의 눈보다 이럴 때는 길거리에 있는 CCTV 하나가 더 고마울 것이다.

앞서 고릴라 실험은 실험하기 전에 참가자들에게 어떤 물체가 나올 것이라고 미리 얘기해 주지 않는다. 만일 그 얘기를 미리 해 주거나 같은 장면을 한 번 본 사람들은 뭔가 나올 것을 기대해서 주의를 분산시킬 수 있고, 그 '고릴라'를 쉽게 볼 수 있다. 어떤 장면에서 뭔가를 변화시킬 것임을 미리 알려 주고, 무엇이 변화되는지 찾도록 하는 경우는 어떨까? 쉽게 찾을 수 있을까? 가령 아래 두 그림 각각을 하나씩 번갈아 가면서 같은 위치에 연속적으로 제시하면, 우리는 변화된 것을 바로 탐지해 낼 수 있다. 변화된 곳(그것이 색이든, 위치든, 혹은 있다가 사라지는 것이든)이 자동적으로 주의를 끌어서 우리는 쉽게 그 변한 것을 의식적으로 자각할 수 있다.

위의 두 사진이 서로 다른 곳은 어디인가? 두 사진을 동시에 제시하면 어렵지 않게 찾을 수 있다. 하지만, 두 그림 각각을 하나씩 번갈아 가면서 제시할 때 그 사이에 약간의 시간적 간격을 두면 어떻게 될까? 즉 첫 번째 그림과 두 번째 그림을 계속 번갈아 제시하지만, 하나의 그림이 사라지고 다음 그림이 제시되는 사이 약 0.1초 동안 빈 화면을 끼워 넣었을 경우에도 여러분은 쉽게 그 변화를 탐지해 낼 수 있는가? 놀랍게도 많은 사람들은 변화를 잘 탐지하지 못한다. 사진에서 뭔가 큰 부분이 있다가 사라지거나 하는 경우에도 말이다. 어떤 경우에는 10분 이상 계속 두 사진을 번갈아 보여 주는데도 많은 사람들이 여전히 그 변화를 탐지해 내지 못하는 것을 보고하고 있

다. 이러한 현상을 변화맹(change blindness)이라고 부른다(Rensink, 2002).

두 사진 사이에 정말 짧은 시간(0.1초!) 간격을 하나 넣었을 뿐인데, 우리가 변화를 잘 탐지해 내지 못하는 이유는 무엇일까? 인지심리학자들은 주요 원인 중 하나로 우리의 주의, 즉 정보 선택을 꼽고 있다. 비록 우리가 어떤 사진이나 장면을 볼 때, 마치 보고 있는 것을 모두 의식하는 것으로 착각하지만, 실제로 그 모든 것이 우리의 주의를 통해 선택되기 전까지 알지 못한다는 점을 시사한다. 그래서 하나의 그림에서 선택한 부분이나 대상을 0.1초 후에 나온 다른 그림과 비교하고, 다시 0.1초 후 다른 부분이나 대상을 비교하는 등 이런 일들을 계속 반복하면서 천천히 찾을 수밖에 없다.

19. 모르는 것도 모르면서

주의를 기울이지 않으면, 즉 정보가 선택되지 않으면 의식하기 어렵고 기억에서도 금방 사라진다. 더 놀라운 것은 우리들 대부분이 이렇게 변화를 탐지하지 못함에도 불구하고 스스로 변화를 잘 탐지할 수 있다고 잘못 생각하는 것이다(심리학자들은 이를 변화맹의 맹change blindness blindness이라고 부른다). 즉 자신의 시각적 능력이나 경험에 대해 할 수 없는 것조차 모르고 인정하지 않음을 일컫는 것이다.

맹의 맹(blindness blindness)은 눈먼 것을 모르는 것이다. 자신이 눈먼 것을 아는 것은 위험에 빠지지 않는 데 도움이 된다. 하지만 자신이 앞을 못 보는 것조차 모르고 행동한다면? 끔찍한 일이다. 실제로 모르는데도, 그리고 모르는 것을 알려 주었는데도 그런 자신을 인정하지 않는 모습은 단순히 모르는 것보다 더 심각하다.

사실 우리 뇌에서 시각적인 주의에 결정적 역할을 하는 뇌 영역(후두엽에서 두정엽으로 이어지는 시각의 배측 경로)이 있다. 이 영역이 손상되면, 앞서 주의를 주지 않아서 고릴라를 못 보는 것처럼 손상 영역이 담당하고 있는 시각 장면에 주의를 줄 수 없게 되고, 그 영역에 보이는 것들에 대해 의식할 수 없게 된다. 의식할 수 없을 뿐 아니라 자신이 의식할 수 없는 것조차 알지 못하는 일이 생긴다.

한 환자가 입원실 침상에 앉아 식사를 기다리고 있다. 곧 국과 밥, 대여섯 개의 반찬 그릇이 담긴 쟁반이 환자 앞에 놓이고, 이 환자는 식사를 하기 시작한다. 오른손잡이인 이 환자는 능숙하게 젓가락을 사용하여 자신 앞에 놓인 음식을 먹기 시작하지만, 웬일인지 오른쪽에 놓인 반찬에만 젓가락이 가고 왼쪽에 놓인 음식들은 손을 대지 않는다. 이런 일은 식사 때마다 일어나는데, 왼쪽에 있는 반찬들을 먹지도 않으면서 종종 "반찬이 모자란다"거나 "반찬이 너무 적다"는 불평을 하곤 한다. 그렇다고 이 환자가 왼쪽에 놓인 반찬들을 싫어해서 먹지 않는 것은 아니다. 누군가가 왼쪽에 있는 반찬들을 오른쪽으로 옮겨 놓아주면 그 반찬들을 맛있게 먹기 때문이다. 이 환자가 왼쪽에 있는 반찬을 먹지 못하는 이유는 무엇일까? 이 환자의 오른손은 왼쪽 쟁반 끝까지 닿을 수도 있고, 환자의 시력 역시 정상이다. 무슨 이상한 수수께끼를 하고 있냐고 생각하는 독자도 있을 것이다. 하지만 이 환자는 뇌의 우측 특정 영역(후두정엽 부위로 시각의 배측 경로에 해당)이 손상되어 자신의 왼쪽 시각 영역에 대한 의식을 하지 못하는 증상(시각 무시증visual neglect이라고 부름)을 보이는 환자일 뿐이다. 이러한 시각 무시증의 가장 큰 특징은 손상된 뇌의 반대쪽(예, 오른쪽 반구에 손상이 있을 경우 왼쪽) 시야 정보가 의식에서 사라진다는 점이다. 위 환자 역시 왼쪽 세계는 그에게 존재하지 않는 세계나 마찬가지다.

우측 후두엽의 시각 피질이 손상된 환자의 경우라면, 본인이 좌측 시야가 보이지 않음을 알고(맹, blindness), 눈을 돌려 좌측에 있는 반찬을 먹을 것이다. 하지만 우측 두정엽이 손상된 무시증 환자는 주의를 줄 수 없는 좌측 시야의 세계가 있다는 것조차 종종 의식하지 못한다(맹의 맹, blindness blindness).

이처럼 주의, 즉 정보 선택은 우리의 의식에 매우 중요한 역할을 한다. 어떤 대상이나 정보에 주의를 주지 않으면 비록 우리가 그것을 보거나 듣고 있어도 우리는 알 수 없고, 알 수 없는 것조차 알 수 없다.

무시증은 시각에서만 나타나는 것이 아니다. 신체 감각에서도 나타날 수 있고, 고차적인 기억이나 판단에서도 나타날 수

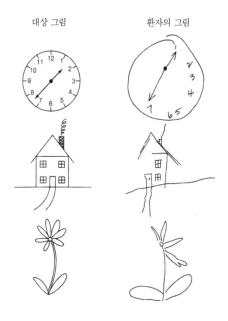

대상 그림   환자의 그림

- 우측 후두정엽이 손상된 무시증 환자가 왼쪽 그림을 보고 따라 그린 그림의 예

있다. 더 나아가서는 우리의 가정과 직장, 우리 사회에서도 무시증은 얼마든지 나타날 수 있다. 모르고 있었던 것도 모르고 있는 상태, 이를 극복하는 길은 개인 내에서는 정보의 선택이며, 개인 간 집단 간에서는 정보의 소통이다. 모르고 있다는 것을 깨닫는 것만으로도 우리는 이미 많은 것을 알고 있는 것이다.

너무 거창하게 나간 듯하지만, 다시 인간의 마음, 정보처리의 관점으로 돌아와서 보자면 주의에 대한 심리 과학적인 여러 연구들은 우리의 일상생활에서도 시사하는 바가 매우 크다. 변화맹과 관련된 많은 후속 연구들도 실제 다양한 응용 분야에서 우리가 무엇을 조심해야 하는지 알려주고 있다. 일상생활에서 길을 걷거나 운전할 때, 혹은 일터에서 경제적, 군사적 판단을 내려야 할 때, 법정에서 목격자 진술을 해야 할 때 등등. 그리고 연령에 따라, 변화되는 대상의 중요성에 따라, 변화가 일어나는 속도에 따라 어떤 영향들이 있는지에 대해서도 많은 연구들이 진행돼 왔다. 만일 독자 중에서 안전이나 경계, 시각적 대상에 대한 판단 등이 자신의 업무나 사업에 중요한 요소를 차지하고 있다면, 더욱 우리의 주의 메커니즘에 대해 고려할 필요가 있음을 강조하고 싶다. 다만, 여기서는 현재까지 우리가 너무도 자신의 시각 경험에 대해 알지 못했고, 또 잘못 알고 있었다는 점만 깨닫는 것으로 만족하고 넘어가기로 하자.

그렇다면, 우리가 선택하는 것은 모두 의식적으로 알 수 있을까? 앞서 "우리는 선택한 정보만을 의식할 수 있다"라고 이야기를 했다. 그러니 선택한 정보를 의식할 수 있는 것은 당연하다고 생각할 수 있다. 하지만, 이는 무엇인가 의식하기 위해서는 선택해야 한다는 것을 의미하는 것이지, 선택한다고 반드

3부 네 마음을 알라

시 의식할 수 있다는 것을 의미하는 것은 아니다. 즉 의식하기 위해서는 그 정보의 선택이 필수적이지만, 선택만으로 충분하지는 않다는 말이다. 마치 어떤 것이 '사과'가 되기 위해서는 그것이 과일이어야만 하는 것이 필수적이지만(어떤 것이 과일이 아닌데 사과가 될 수 없는 것처럼), 과일이라는 것만으로 그것이 사과가 될 수 없다는 말과 같다. 아무튼, 무엇인가를 의식적으로 알기 위해서는 주의를 통한 정보의 선택이 필요하다. 다만, 어떤 정보들은 선택됐지만 의식하지 못하는 것들도 있다는 말이다.

필자와 린 로버트슨(Lynn Robertson) 교수는 뇌의 어떤 부분이 손상된 환자가 어떤 대상의 존재를 전혀 의식하지 못함에도 불구하고 그 대상을 시각적으로 선택했음을 보이는 증거들을 발견하여 학술 논문으로 발표한 일이 있다(Kim & Robertson, 2001).• 즉 어떤 대상을 우리가 의식하지 못하는 상황에서도 주의 메커니즘이 작동하는 것이다. 일반 독자들에게 보다 이해하기 쉬운 의식 문제를 예로 들고 이 장을 마치도록 하겠다.

여러분은 자신이 고른 무엇인가가 바뀌면 그 정도는 알 수

• 양측 후두정엽이 손상되어 동시실인증(simultanagnosia)이라는 증상을 보이는 환자이다. 이 환자는 눈앞에 있는 여러 물체들을 동시에 볼 수 없고 한 번에 하나의 사물만을 본다. 또한 보이는 사물이 어디에 있는지 알지 못한다. 이 학술 논문 내용을 자세하게 설명하는 것은 일반인을 위한 이 책의 범위를 벗어난 것이라 생각되어 여기서는 생략한다.

있을 거라 생각할 것이다. 가령 두 개의 차(tea)를 각각 시음한 후에 둘 중에 자신이 좋아하는 차를 하나 고르라고 하는 상황을 생각해 보자. 그리고 바로 자신이 고른 차를 다시 마셔보게 하고 왜 그 차가 다른 차보다 더 좋았는지 묻는 상황을 상상해 보자. 뭐 이런 상황에서 우리는 "이 차가 다른 차보다 더 상큼하고 맛이 깨끗해서요"라든가 "이 차가 좀 더 은은한 맛과 향이 있어서요" 등등 개인의 취향에 따른 다양한 대답을 할 수 있을 것이다. 그런데, 만일 조금 전 상황에서 자신이 고른 차를 주지 않고, 다른 차를 주면서 마시게 하고, 왜 그 차를 골랐는지를 물어보면 어떻게 될까? "어? 이 차는 내가 고른 차가 아닌데요? 내가 고르지 않은 다른 차를 잘못 주셨네요." 이렇게 대답하는 것이 맞을 것이다.

하지만 놀랍게도 많은 사람들이 자신이 고른 것이 바뀌었는데도 이를 알지 못했다(Hall et al., 2010). 거짓말 같은 이야기라고? 정말이다. 이 연구 이전인 2005년에는 일반인들에게도 유명한 학술지 「사이언스(Science)」에 다음과 같은 연구가 발표되었다. 대학생들에게 두 명의 다른 여성 사진을 보여 주면서, 둘 중에 누가 더 매력적으로 보이는지 고르라고 하였다. 그리고 자신이 고른 사진을 보여 주며, 왜 그 사람이 매력적인지 간단하게 얘기해 보라고 하였다. 학생들은 이런 시행을 총 15번 계속

하였다(물론 시행마다 사용된 사진 속의 여성들은 모두 다른 사람들이었
다). 이 15번의 시행 중 3번은 실제로 학생이 고른 사진이 아닌
다른 사진을 보여 주면서, 왜 그 사진을 골랐는지 말하도록 했
다. 우리가 예상하기로, 정상적인 학생이라면 이렇게 얘기해야
한다. "어? 이 사진은 내가 고른 사진이 아닌데? 뭔가 잘못되었
네요."

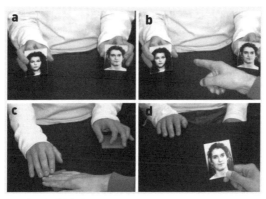

- **선택맹 실험의 예**(출처 : Johansson, Hall, Sikstrom, & Olsson, 2005)

하지만, 놀랍게도, 70~80％의 학생들은 자신이 고른 사진
이 바뀌었는데도 그것을 알아차리지 못했다. 사진이 비슷해
서? 너무 짧게 보여줘서? 아니다. 사진들을 5초 동안 보여 줬
는데도, 그리고 두 사진에 있는 여성의 모습이 상당히 다른 모
습인데도 그런 결과가 나온 것이다. 어떻게 그럴 수 있을까?

그 연구에는 심지어 5초가 아니라, 두 사진을 학생들이 보고 싶은 시간만큼 충분히 시간을 준 경우에도 참가자의 반 이상이 전혀 이상하다는 것을 눈치채지 못했음을 보고하고 있다. 이러한 현상을 선택맹(choice blindness)이라고 부른다(Johansson, Hall, Sikstrom, & Olsson, 2005). 여기서도 선택맹뿐 아니라, 이런 것이 일어날 수 있다는 것조차 모르거나 인정하지 않는 선택 맹의 맹(choice blindness blindness)도 나타난다.

혹시 위의 실험은 잘 모르는 사람의 얼굴이라는 다소 복잡한 자극을 사용했고, 더욱이 '어떤 얼굴이 더 매력적인가?'라는 다분히 모호하고 주관적인 판단을 내려야 했기 때문에 그런 것은 아닐까? 우리 연구실에서 나종인과 필자는 보다 단순하고 직접적인 자극과 질문을 이용하여 선택맹이 나타나는지 실험하였다(나종인과 김민식, 2013).

연세대학교 학생들을 대상으로 두 개의 단순한 선분을 보여 주고, 어떤 선분이 더 긴지 고르게 하였다. 그리고 자신이 고른 선분을 다시 보여 주면서 그 선분이 (고르지 않은) 다른 선분보다 몇 센티미터 정도 긴지 말하도록 하였다. 우리 실험에서도 총 15개의 시행 중에 3개의 시행에서 학생들이 고른 선분이 아닌 짧은 선분을 보여 주며, 얼마나 그 선분이 다른 선분보다 긴지 물어보았다. 여러분은 어떤 결과를 예상하는가? 우리 실험에서 두 선분의 길이 차이는 짧은 선분을 기준으로 긴 선분이 1.4배 길었고(즉 하나의 선분이 10cm이면 다른 선분은 14cm), 누구나 한눈에 보면 어떤 선분이 긴지 알 수 있었다. 또한 모든 시행에서 제시하는 선분들의 길이는 서로 달랐다. 복잡한 자극도 아니고, 구체적으로 길이를 물어 본 상황에서, 놀랍게도 대학생들은 자신이 고른 자극이 아닌 다른 자극이 나타났던 시행 중 약 85%에서 변화를 감지해 내지 못했다. 그러니, 선택맹이 자극이 복잡하다고 더 일어나고 단순하다고 덜 일어나는 것은 아님이 분명하다. 학생들은 길이에 주의를 두었고, 긴 선분을 100% 옳게 선택하였다. 그런데, 잠깐 사이에 자신이 선택한 긴 선분 대신 짧은 다른 선분으로 바뀐 것을 알아차리지 못한 것이다!

이런 일이 일어난 이유가 이 학생들이 똑똑하지 못해서라고 생각하는 독자가 없기를 바란다. 오히려 그렇게 생각하는 독자가 있다면 그 독자는 위에서 언급한 선택맹의 맹을 보이는 것이다. 왜 이런 일이 일어나는가 여전히 연구 중이긴 하지만, 우리의 주의나 기억의 한계, 혹은 그 둘 모두 때문일 가능성이 매우 크다.

'주의'의 중요성은 인간의 정보처리 과정, 즉 마음을 이해하는 데 아무리 강조해도 지나치지 않다. 왜냐하면, 정보처리 초기 단계에서 어떤 정보가 선택되느냐에 따라 그 이후에 우리의 기억과 판단, 의식에 결정적인 역할을 하기 때문이다. 많은 대중서나 대중매체들은 주로 사람들의 관심거리가 되는 일상생활에서의 착각이나 고차원적인 마음들(사랑과 행복, 정의나 자유 등)에 많은 시간과 자원을 들여 논의하고 소개해 온 것이 사실이다. 하지만 주의와 같은 초기 정보처리를 이해하는 것은 그 이후의 마음을 이해하는 기초가 될 뿐 아니라 아직 해결되지 않은 마음과 관련된 많은 문제들(예, 산업체나 교육, 의료, 군사 등과 관련된 현장에서 안전이나 사고 예방, 학습, 경계 등등)을 이해하는데 결정적 단서가 될 수 있다.

나 자신을 알기 위한 방법, 인간의 마음을 객관적으로 바라보는 방법의 시작점은 나 자신과 우리 대부분이 생각처럼 똑똑하지 않다는 것을 깨닫는 데 있다. 결국 객관적이고 체계적인 과학적 방법을 통해서만 가능함을 다시 한 번 강조한다. 우리 일상생활에서 과학적인 근거나 논리 없이 그때그때 멋지게 들리는 말이나 직관적으로 그럴듯하게 들리는 주장들, 우리 주변에 널려 있는 증명하기 어려운 논쟁들을 경계할 수 있는 시각을 독자들이 갖기를 바란다.

20. 의식적 기억에 대하여

여러분은 어제 저녁 식사로 무엇을 먹었는가? 대부분 기억할 수 있을 것이다. 어제 저녁 식사 때 자신이 어디에, 누구와 있었는지 생각하면 더 기억하기 쉬워진다. 우리는 매일 식사하면서 음식이 무엇인지 밑줄을 쳐 가며 외우진 않는다. 그래도 대부분 우리는 그날 무엇을 먹었는지 잠자리에 누워서도 기억해 낼 수 있다. 그날 누구를 만났고, 무슨 일을 했는지도 기억해 낼 수 있다. 그런데 독자들이 학창 시절에 영어 단어를 외우던 때를 기억해 보자. 여러 번 써 가며 외우고 외워도 어떤 것들은 불과 한 시간 지나고 다시 봐도 그 뜻이 기억나질 않는다. 외우려고 하지 않았던 음식들은 기억이 나는데, 외우려고 여러 번 노력했던 단어들은 기억이 나질 않는 것이다. 도대체 왜 우리 기억은 이렇게 불공평한 것일까? 기억하려고 하는 것은 잘 안 되고 기억하려고 노력하지 않은 것은 기억이 된다.

이런 의문을 지닌 상태에서 다시 독자들에게 다음과 같은 질문을 하고 싶다. 여러분은 오늘 식사한 음식을 기억하고 있다. 그렇다면 일주일 전 오늘 먹은 음식은 무엇이었나? 기억이 나는가? 한 달 전 오늘 먹은 음식은? 두 달 전 오늘 먹은 음식은? 그만하자. 아마도 대부분의 독자들은 한 달 전 오늘 무엇을 먹었는지 잘 기억이 나질 않을 것이다. 물론 한 달 전 오늘이 특별한 날이었고 그날 어디서 무엇을 했는지 누구와 식사했는지 기억한다면 그날 음식이 무엇이었는지 기억할 수도 있다. 여기서 독자들에게 하고 싶은 얘기는 여러분의 기억력이 얼마나 좋은지 테스트하려는 것이 아니고, 우리의 장기기억에 대해 같이 생각해 보자는 것이다.

우리가 어떤 사건이 일어난 후 몇 분 동안 다른 생각을 하고 나서도 그 사건을 기억하고 있다면 그 사건은 이미 우리의 '장기기억'이라는 저장소에 보관된 것이라고 할 수 있다. 따라서 여러분이 잠자리에 누워서 그날 먹은 음식을 기억해 낼 수 있다면 그 정보는 이미 여러분의 장기기억에 들어가 있다는 말이 된다. 오늘 먹은 음식뿐 아니라, 일주일 전, 한 달 전 먹은 음식들도 마찬가지로 장기기억에 저장되어 있을 것이다. 그런데 왜 오늘 먹은 음식은 기억해 낼 수 있지만 오래전 먹은 음식들은 기억해 낼 수 없는 것일까? 기억해 낼 수 없다면 여러분의 머릿속 기억 저장소에서도 사라진 것일까?

다시 질문하겠다. 이제 10년도 지난 2002년 한일 월드컵을 기억할 것이다. 여러분은 어디서 누구와 그 당시 월드컵 경기를 보았는가? 그 당시 독자가 아주 어린 시절이 아니었다면 대부분은 그때를 기억하고 있을 것이다. 일 년 전 오늘 어디서 누구와 있었는지 기억하지 못하면서 어떻게 10년도 더 지난 일은 기억할 수 있을까?

기억이라는 것은 쉽게 말해서 정보를 저장하는 것이다. 기억을 어떤 구조물이라고 생각한다면 저장하는 장소가 될 것이고, 기억을 어떤 과정(process)이라고 생각한다면 정보를 받아들여서 부호화(encoding)하고 저장하고 인출해 내는 것을 의미한다. 기억의 구조적 측면을 보면 우리 기억은 정보를 몇 초에서 수십 초 정도 단기적으로 저장하는 곳도 있고(이를 단기기억이라고 부른다), 몇 분부터 평생에 이르기까지 정보를 저장하는 곳(이를 장기기억이라고 부른다)도 있다. 추가적으로, 정보가 단기기억에 가기 전에 아주 짧은 시간 동안(시각정보는 약 0.2~0.4초, 청각정보는 약 1~3초) 정보를 저장하는 감각기억이라는 것도 있다(Sperling, 1960). 기억을 연구하는 인지심리학자들은 다양한 기억의 구조와 기억의 과정들, 기억의 종류와 기능, 그 메커니즘을 연구하고 있다. 그뿐만 아니라 기억과 판단, 기억과 정서, 기억과 의식, 기억과 주의 등 기억과 다른 정신 과정과의 상호 작용도 함께 연구하고 있다.

일단, 앞서 줄여서 얘기했던 몇 가지 기억을 좀 더 쉽고 구체적으로 얘기해 보겠다. 우리는 외부로부터 다양한 감각 정보들을 받아들인다. 감각 정보라는 것은 쉽게 말해서 보고 듣고 맛보고 냄새 맡고 신체 접촉하는 것 등을 통해 얻게 되는 정보이다. 여러분이 눈을 통해 빛 정보를 받아들여서 지금 이 책을 읽고 있고 글자의 모양을 통해 정보를 얻고 있는 것처럼 말이다. 아무튼 기억의 시작은 외부 정보가 일단 우리의 감각기관을 통해 들어오고 그 정보가 어떤 방식으로 부호화되고, 이 부호화된 정보가 선택되어 단기기억에 저장된다. 부호화는 시각적인 부호화, 청각적인 부호화, 의미적인 부호화 등등 여러 가지가 있다. 정보의 선택은 주의의 중요한 기능 중 하나이다.

단기기억에는 손가락으로 셀 수 있는 정도의 정보밖에 저장할 수 있는 공간이 없기 때문에 그 정보를 계속 암송하지 않으면 사라져 버릴 수 있다. 글자나 숫자의 경우 단기기억에 저장할 수 있는 것은 5개에서 9개 정도(평균 7개)에 불과하다.* 그리

● 밀러(Miller, 1956)는 단기기억의 용량이 7±2임을 처음 밝혔고, 이를 밀러의 '신비의 숫자

고 언어로 표현하기 어려운 시각적 자극의 경우는 그보다 작은 서너 개에 불과하다(Luck & Vogel, 1997). 우리의 단기기억 용량이 보통 일곱 개이기 때문에 우리는 뺑소니 자동차의 번호판을 보고 그것을 단기기억에 저장해 놓았다가 기록할 수 있고, 전화번호부에서 친구의 전화번호를 잠시 외워서 전화를 걸수 있는 것이다. 물론 통화하고 나서 그 친구의 전화번호를 더이상 기억해 내기는 힘들다.

단기기억 저장소에 있는 정보들 중에 어떤 정보는 장기기억으로 들어가고 어떤 정보들은 사라진다. 정보가 매우 독특하거나 의미적으로 잘 조직화되어 있거나, 맥락으로 혹은 감각적으로 풍부한 단서들을 지니고 있는 경우 그 정보는 장기기억으로 들어가고 나중에 잘 인출(기억)될 가능성이 크다. 일단 장기기억으로 들어간 정보들은 쉽게 사라지지 않는다.

그렇다면, 앞서 한 달 전 오늘 먹은 음식도 장기기억에 저장되어 있을 텐데 왜 기억해 내지 못하는 것일까? 분명히 전에는 알고 있던 이름이거나 용어였는데, 왜 지금 기억나지 않는걸까? 이유는 대부분 '인출 실패' 때문이다. 장기기억 저장소에 저장되어 있지만, 그 정보가 어디에 있는지 몰라서 기억에

7(magic number seven)'이라고 부른다.

끄집어 낼 수 없는 인출 실패 때문이다. 마치 국회도서관에 수천만 권의 책이 있지만 그 책이 어디에 있는지 모르면 그 책을 인출할 수 없는 것과 같다. 하지만 책을 놓은 '주소'를 알면 그 책을 찾을 수 있는 것처럼, 저장된 기억의 '단서'를 주면 인출이 쉬워질 수 있다. 즉 한 달 전 오늘 저녁에 누구와 어디에 있었고 무엇을 했는지 단서를 주면, 함께 먹었던 음식이 생각날 수 있다. 그래서 시험도 주관식보다는 구체적인 단서나 예가 제시되는 객관식이 쉬운 이유가 여기에 있다(물론 공부하지 않아서 기억 저장소에 정보가 없는 사람에게는 단서가 아무런 소용이 없다).

우리의 기억은 저장된 정보를 제대로 인출해 내지 못하는 단점만 있는 것이 아니다.[•] 우리의 기억은 컴퓨터에 어떤 정보를 저장했다가 그것을 그대로 사용하는 것과는 다르다. 저장된 정보라도 수시로 변형될 수 있고, 희미해지기도 하고, 엉뚱한 것이 잘못 인출될 수도 있다. 심지어는 저장한 적이 없던 정보를 저장한 정보로 착각하기도 한다.

● 여기서 기억 인출을 실패하는 '망각'을 단점이라고 언급하긴 했지만, 사실 망각은 단점만 있는 것이 아니다. 우리는 망각 때문에 덜 사용하고 덜 중요하고 때로는 괴로운 기억들에 정신적 에너지를 소모하지 않을 수 있다. 즉 망각의 장점도 있다.

3부 네 마음을 알라

21. 착각적 기억

보거나 들었던 내용을 모두 기억해 내는 일은 쉬운 일이 아니다. 그래서 우리는 녹음도 하고 기록도 하여 망각에 대비한다. 가족과 친구의 전화번호는 휴대폰에 저장되어 더 이상 우리 머릿속에 저장할 필요가 없게 되었다. 우리의 기억은 상황에 따라 맥락에 따라 적절한 전략을 구사하며 효율적인 정보처리를 한다. 음식점에서 주문을 받는 사람들도 주문을 받아 음식이 나오고 나면 음식이 아직 나오지 않았을 때와 비교하여 주문한 것을 쉽게 잊어버리곤 한다. 사실 이미 나온 음식들을 암기할 이유는 없으며, 우리의 뇌는 이러한 상황을 인식하여 굳이 저장하지 않아도 될 정보들을 저장하지 않는 전략을 구사하고 있는 것이다.

혹자는 우리가 스마트폰을 사용하면서 기억력이나 인지능력이 떨어졌다는 우려를 나타내기도 하는데, 사실 이것은 기우에 지나지 않는다. 이전에 전화번호를 외우던 시대가 있었다면 이제는 전화번호를 모두 스마트폰에 저장해서 따로 외울 필요가 없을 뿐, 이때문에 우리의 기억 능력이 떨어지는 것은 아니다. 오히려 스마트폰 을 사용하는 방법, 각종 애플리케이션을 기억해야 하는 등 기억이 사용될 곳은 무한하기 때문에 아직까지 걱정할 필요는 없다. 인간의 모든 기억을 대신해 줄 로봇이 생긴다면 모를까…….

이제, 본론으로 들어와 여러분의 기억을 한번 점검해 보자.

자, 이제 다음 단어들을 정신을 가다듬고 하나씩 하나씩 천천히 한 번만 읽어 보자.

- 해수욕장
- 모래
- 잠수
- 원양
- 수영
- 파도
- 바람

3부 네 마음을 알라

- 갈매기
- 어선
- 어부
- 물결
- 해군

다 읽었으면, 다음 글을 읽어 보기 바란다.

여러분은 조금 전에 여러 개의 단어들을 보았고, 그 단어들을 하나씩 읽었다. 사건으로 보자면, 여러분은 단어가 노출된 현장에 있었던 '목격자'가 된 것이다. 전체 단어를 모두 기억해 낼 수는 없겠지만, 그래도 최소한 다음 제시될 단어들 중에 확신을 갖고 "조금 전에 보았다!"고 대답할 수 있는 단어가 한두 개 정도는 있을 것이다. 다음 페이지에 나올 단어 중에서 조금 전에 '확실하게 그리고 분명히' 보았던 단어들에 동그라미를 쳐 보자(여러분의 현재 기억에만 의존하고 전으로 돌아가서 다시 단어들을 보면 안 된다).

- 바람
- 모래
- 바다
- 수영

여러분이 동그라미 친 단어들은 여러분이 조금 전에 보면서 읽었던 단어라고 확실히 자신할 수 있는가?

여러분이 동그라미 친 단어들이 여러분이 조금 전에 읽었던 앞의 단어들 중에 모두 있는가? 직접 확인해 보면 알겠지만, 바람과 모래, 수영은 여러분이 읽었던 단어이고, '바다'라는 단어는 앞의 단어 목록 중에 존재하지 않는다. 그럼에도 불구하고 여러분 중 누군가는 '바다'를 보았다고 확신하면서 동그라미를 쳤을 것이다. 수업 중에 같은 시연을 해 보면 '바다'를 분명히 보았다고 하는 학생들이 100명 중에 10명 정도 나온다.

어떤 학생은 4개의 단어 중에 '바다'라는 단어가 가장 확실하다고 대답하기도 한다. 그렇다면 이런 학생들이 거짓말하는 것일까? 본 적도 없는 것을 분명히 보았다고 거짓말하고 있느냐는 것이다. 물론 아니다. 정말 보았다고 생각하고 그렇게 믿는 것이다.

우리의 기억은 본 것을 그대로 저장하는 컴퓨터가 아니다.

입력하는 순간 보고 싶은 것만을 골라서 보고, 변형해서 보고, 기억하는 동안에도 순간순간 주변의 여러 정보들에 의해 저장된 내용이 사라지거나, 바뀌거나, 심지어 없던 것이 새로 생기기도 한다. '바다'를 본 적이 없는 사람이 '바다'를 보았다고 확신하는 것처럼, 우리 중 누군가는 친구에게 빌린 책을 분명히 돌려주었다고 생각했는데, 그 책이 자신의 방에 있는 것을 보고 당황하기도 한다.

기억은 이런 것이다. 이런 기억의 속성을 아는 것이 중요하다. 어떤 상황에서, 어떤 조건에서 기억이 쉽게 왜곡되고 변형되는지를 연구하여 기억의 신뢰성 정도를 예측해 볼 수 있다. 가령, 어떤 사건을 목격했을 때 그 사람이 어디에 주의를 두고 있었는지, 사건 후 회상할 때까지 시간이 얼마나 경과했는지, 그 시간 동안 어떤 일들이 일어났는지 등 그 사람의 기억에 영향을 줄 수 있는 많은 요인들을 고려할 필요가 있다.

만일 당신이 어떤 범죄 현장에 있었고, 어떤 물리적 증거가 없는 상황에서 누군가 당신을 범인으로 확신한다고 지목하는 상황을 생각해 보자(물론 당신은 그저 범죄 현장에 있었을 뿐 실제 범인이 아니다). 판사나 혹은 배심원들은 목격자의 증언을 믿을 것인가? 즉 그 목격자의 기억을 믿고, 당신이 유죄라고 판단해야 하는가 말이다. 실제로 미국에서만, 목격자가 유일한 증거인 사건이 일 년에 수만 건이고, 이 중에 수천 건(5%~10%)의 사건에서 목격자가 실제와 다른 잘못된 증언을 하는 것으로 드러났다.

우리나라에서도 목격자의 말만 듣고 유죄를 선고했다가 나중에 실제 범인이 잡히는 웃지 못할 일이 가끔 일어난다. 예전에 방화에 의한 살인 사건이 일어났는데 유일한 목격자가 현장에 있었던 유치원생이었고, 그 유치원생은 방화한 사람을 동네 가게 아저씨라고 증언하였는데, 이 목격자 증언 이외에 다른 물리적 증거는 없는 상황이었다. 그런데 소위 전문가라는 사람들이 방송에 나와서, 이 아이는 거짓말하는 것이 아니기 때문에 이 아이의 말은 신빙성이 있다고 얘기했다.

하지만, 다시 앞의 예로 돌아가서 '바다'를 분명히 보았다고 말하는 학생들이 거짓말한 것이 아닌 것처럼, 목격자가 거짓말하는 것이 아니라고 하더라도 그 기억이 믿을 만한 것인지는 별개의 문제로 다루는 것이 중요하다.

목격자의 기억이 왜곡되는 일은 얼마든지 발생할 수 있다. 실제로 혐의자 세 명을 보여주면서 당시 목격자에게 누가 범인인지 물어보는 장면에서 녹취한 기록 중 하나를 소개하겠다.

목격자가 말했다. "잘 모르겠어요. 저 두 사람 중에 하나 같긴 한데…… 하지만 정확하게 잘 알진 못하겠고…… 두 번째 사람보다 조금 키가 컸던 것 같은데…… 아무튼, 저 두 사람 중에 하나인 것 같은데, 정말 잘 모르겠네요. 두 번째 사람인가?" 이때 경찰관이 "좋습니다"라고 말했다.

그리고 몇 달 후 법정 녹취록에는 이렇게 기록되어 있다. 재판관이 말했다. "증인, 두 번째 사람이 정말 맞습니까? 아니면 그냥 추측 아닌가요?" 증인이 말했다. "추측이 절대 아닙니다. 확실히 저 사람이 맞습니다."(Wells & Bradfield, 1998)

도대체 이 사람의 기억은 어떻게 이렇게 바뀔 수 있는가? 처음에는 자신 없어 하던 모습이 몇 달 후 법정에서 확신에 찬 모습으로 바뀌었다. 그 사이 이 사람에게 확신을 줄 만한 어떤 단서라도 새로 떠올랐단 말인가? 그렇지 않다면 도대체 무엇 때문일까? 심리학자는 당시 녹취록에서 경찰관이 했던 "좋습니다"라는 말에 주목하고 있다. 즉 "좋습니다"라는 말이 이 목격자의 기억을 변화시켰을 가능성이 크다고 보는 것이다. 기억은 순간순간 자신도 모르게 바뀔 수 있다. 같은 자동차 사고를 보고도 "자동차가 부딪힌 것을 보았지요?"라고 물어보았을 때보다 "자동차가 꽝하고 부딪힌 것을 보았지요?"라고 물으면 자동차가 실제보다 좀 더 세게 부딪힌 것으로 기억이 바뀔 수 있다. 유도 심문을 통해서 기억이 바뀌고, 있던 일도 없던 것처럼, 없던 일도 있던 것처럼 바뀔 수 있다.

우리가 무엇인가를 기억한다고 말하는 것은 그 무엇인가가 과거에 실제로 일어났음을 주관적으로 경험한 것에 대한 표현이다. 즉 기억이라는 것도 일종의 주관적 경험이며, 이러한 주관적 경험은 지금껏 살펴본 것처럼 언제든지 틀릴 수 있다. 휴대폰을 욕실에 놓고 거실에 두었다고 착각하는 사소한 기억 오류부터 자신이나 타인에게 심각한 결과를 초래할 수 있는 오기억(false memory, 잘못된 기억)까지 얼마든지 발생할 수 있다.

최근 오기억에 대한 연구들은 주변의 중요한 사람들의 잘못된 암시나 TV 광고나 드라마 장면에 의해 자신과 관련된 잘못된 기억이 형성될 수 있음을 보여주고 있다. 어릴 때 놀이동산에서 부모를 잃어버려 고생한 적이 있다는 암시를 주면, 실제로 그런 일이 없던 사람도 마치 그것을 경험한 사람처럼 그때 자신이 어디에 앉아서 울고 있었고, 누군가 자신에게 말을 걸었다는 등 구체적인 기억 내용을 이야기한다. 심지어는 자신에게 불리한 오기억의 내용(예. 어릴 때 비행을 저질러 경찰서에 간 적이 있다)도 부모나 가족 등이 합심(?)해서 그렇다고 얘기하면 자신이 실제로 겪은 일로 잘못 기억할 수 있다(Shaw & Porter, 2015). 이러한 오기억은 단순히 기억이 나지 않지만 다른 사람이 그렇다고 하니 그냥 그렇게 믿는 수준이 아니다. 오기억이 형성되면, 마치 실제로 경험한 것처럼 당시의 구체적인 상황이나 주변 환경 등에 대한 기억이 만들어지는 것이다.

맥주를 마시면서 친구들과 즐거운 기억이 없던 사람도 마치 TV 광고에서 친구들과 즐겁게 맥주 마시는 것을 반복적으로 보게 되면, 마치 자신의 기억에도 그런 일이 있었던 것 같은 오기억이 형성될 수 있다. 비단 맥주 광고뿐이겠는가? 수많은 광고들과 드라마의 인상 깊은 장면들은 우리에게 오기억을 오늘도 심어 주고 있는지도 모를 일이다.

22. 기억과 상상

여러분은 자신의 기억이 정말 맞다고, 정말 과거에 일어난 일이라고 어떻게 확신하는가? 어떤 내적 과정을 통해 확신의 정도를 판단하는가?

중국 송나라 시대의 장자가 꿈속에서 나비가 되어 날아가는 꿈을 꾸고 나서, 자신이 나비 꿈을 꾼 것인지, 아니면 나비가 지금 장자가 된 꿈을 꾸는 것인지 모른다고 한 것처럼 여러분은 지금 자신이 책을 읽고 있는 꿈을 꾸고 있는 것인지 아니면 지금이 정말 현실인지 어떻게 구분하는가? 영화 「인셉션」에서는 현실과 꿈을 구별하는 방법으로, 작은 팽이를 돌려서 그 팽이가 쓰러지지 않고 계속 돌고 있는 경우 그 곳이 꿈속임을 알 수 있는 방법이 있었지만, 지금 우리에게는 그런 팽이가 없다.* 하지만 우리 뇌, 특히 전전두엽(prefrontal cortex)이라고 하는 신피질의 맨 앞부분에는 정보의 출처를 모니터링하는 영역이 있어서, 자신의 경험에서 활성화된 정보가 어디에서 왔는지 스스로 감시한다. 이를 심리학에서는 출처 감시(source monitoring)라고 부른다(Johnson & Raye, 1998; Johnson, Hayes, D'Esposito, & Raye, 2000).

재미있는 이야기를 A라는 친구에게 듣고 나서, 며칠 후 같은 이야기를 A에게 한 적은 없는가? 이야기 내용만 기억하고 그 정보가 온 출처(A라는 친구)를 기억하지 못해서이다. 심지어 우리는 자신이 상상한 것을 실제로 보거나 들은 것으로, 자신이 앞으로 하려고 계획하거나 의도했던 일을 실제로 행한 것으로 잘못 기억할 수 있다. 즉 그 정보의 출처가 자신의 내적 상상으로부터 나온 것임에도 불구하고 외적 현실에서 일어난 것으로 그 출처를 착각할 수 있다는 말이다. 전전두엽에 손상을 입게 되면, 이러한 출처 감시 기능이 떨어지게 되고, 출처 기억에 어려움을 겪게 된다. 전전두엽 이상으로 조현병(정신분열증)이 유발되기도 하며, 이는 출처 감시 기능의 장애로 인한 환각이나 망상을 동반한다. 또한 전전두엽은 발달도 느리고, 노화

● 사실 꿈속에서도 팽이는 돌다가 멈춰 쓰러질 수 있다. 그럼 그게 현실인가?

로 인한 신경병리 증상도 증가되어 아이와 노인들에게 출처 기억은 취약한 부분이 되기 쉽다.

자신이 상상한 것과 실제로 일어난 것을 구분하는 것, 즉 상상과 현실을 구분하는 일을 현실 감시(reality monitoring)라고 부른다. 실제로 일어난 일은 상상이나 꿈에 비해 주변 맥락과 연결되어 있으며 감각적으로 좀 더 생생한 특징이 있다. 즉 어떤 정보가 내가 그냥 상상한 것인지 아니면 실제로 일어난 것인지는 그 당시의 맥락과 이어져 있다. 동시에 현실은 시각이나 청각, 촉각 등 감각적인 정보들이 더 생생하게 기억나게 마련이다. 하지만, 상상력이 풍부한 사람들이거나 같은 내용을 반복적으로 상상하는 경우에 상상을 통해 감각적인 생생함을 증가시킬 수 있고 따라서 상상과 현실을 종종 혼동할 수 있다.

더욱이, 최근 연구 결과는 맥락적으로 그것이 현실이 아니고 상상에 의한 것임을 알고 있더라도, 상상한 내용이 우리의 판단이나 무의식적인 반응에 영향을 주고 있음을 보여준다. (Shidlovski, Schul, & Mayo, 2014). 따라서 상상도 함부로 해서는 안 된다. 타인에 대한 부정적 상상만으로 당신은 이미 그 사람에 대한 부정적 태도를 무의식적으로 형성하게 되고, 자신의 미래에 대한 부정적 상상도 자존감을 떨어뜨리고 부정적인 행동이 자신도 모르게 튀어나올 수 있는 것이다.

사막같이 힘든 현실을 살아가는 사람에게 오아시스를 상상하며 살아가는 것을 누가 뭐라 하겠는가? 그러한 상상이 오아시스가 있는 사막으로 현실을 착각하게 만들면서 현실을 좀 더 긍정적으로 보며, 긍정적으로 살아가는 데 도움이 된다면 문제는 없다. 하지만 잘못된 상상으로 오아시스 없는 사막을 대비해서 물통을 준비할 기회를 없앤다면 그 상상은 문제가 심각하다.

　부정적 상상도 마찬가지다. 상대방은 전혀 그럴 생각이 없는데, 상대방이 나를 해치려 한다는 상상을 하면 어떻게 될까? 피해망상에 빠질 수 있다. 물론 부정적 상상이 도움이 될 때도 있다. 현실은 늘 만에 하나 이상한 일도 일어나고, 멀쩡해 보이는 사람이 공격하는 경우도 있으니까. 하지만 그런 상상으로 일상적인 생활이 힘들다면 그 역시 심각한 문제임에 틀림없다.

　현실을 살지만, 아무런 상상 없이 사는 것은 불가능하다. 상상은 창조를 만들고, 미래를 만든다. 기왕 상상한다면, 긍정적인 것이나 크게 허황되지 않은 것을 상상하는 것이 좋다. 믿음이 이긴다. 골프 퍼팅에서 성공할 것이라는 믿음을 갖게 한 집단은 그렇지 않은 집단(통제 집단)에 비해 더 높은 퍼팅 성공률을 보였다(Damisch, Stoberock, & Mussweiler, 2010). 성공할 것이라는 상상과 믿음이 행동에 영향을 준 것이다. 종교적 믿음 역시 인생의 위기를 잘 극복하게 해 준다(Myers, 2000).

그렇다고 모든 믿음이 이기는 건 아니다. 로또가 될 거란 믿음을 갖게 한 집단과 그렇지 않은 집단의 로또 당첨 확률은 차이가 없을 수밖에 없다. 왜냐하면 로또 번호는 무작위(random)로 선택되고, 믿음은 무작위 선택에 영향을 줄 수 없기 때문이다. 따라서 되는 믿음이 있고, 되지 않는 믿음이 있다. 이를 구분하는 것은 결국 객관적 데이터와 현실(reality)을 살펴보는 것이다.

낙담하고 있는 친구에게 위로의 말을 건넨다. "잘될 거야, 힘내라." 좋은 말이다. 희망을 주는 이런 말들은 일단 당장, 단기적으로 마음에 위로가 되고 도움이 된다. 앞으로 잘될 것이란 희망과 긍정적 상상력은 확실히 현재 당장의 기분을 좋게 만들어 주고, 우울증 증상을 완화시켜 준다. 하지만 장기적으로 보면 막연한 긍정적 상상은 사람을 더 우울하게 만들 수 있다.

최근 발표된 한 연구 결과에 따르면 어른이나 아이들에게나 모두 긍정적 상상은 당장의 기분에는 도움이 되지만, 긍정적 상상을 한 사람일수록 나중에는(한 달부터 일곱 달이 지난 시점) 상대적으로 좀 더 우울한 증상을 보이는 것으로 나타났다(Oettingen et al., 2016). 이러한 연구 결과는 그동안 무조건 긍정적으로 생각하는 것이 좋다고 말해 왔던 사람들에게 그것의 장기적인 효과를 다시 한 번 더 생각해 보게 한다. 현실과는 무관하게 무조건 긍정적으로 생각하는 것은 오히려 부정적으로 생각하는 것보다 장기적으로는 심리적 부담으로 다가올 수 있다. 공허하고 부정적인 느낌의 후폭풍을 생각하지 않고 당장 기분을 좋게 만드는 긍정적 상상의 위험성을 경계해야 한다는 말이다.

23. 의식적 기억 책략

일상생활에서 어떤 건 잘 기억되고, 어떤 건 잘 기억되지 않는 일들을 경험하는가? 여러분 중 누군가는 사람 이름을 기억하는 것이 특히 힘들다고 말하는 사람이 있을 것이고, 누군가는 영어 단어를 외우는 것이 너무 힘들다고 말하는 사람도 있을 것이다. 어떤 일이나 대상이 기억되는 정도, 즉 기억의 강도에 영향을 주는 요인은 여러 가지가 있다. 여러 요인들 중에도 기억할 대상에 대한 여러분의 관심 정도는 기억의 강도에 결정적 영향을 줄 수 있다.

거꾸로 말하면, 기억이 잘 되는 것은 여러분이 그것에 관심이 많다는 것이고, 기억이 잘 안 되는 것은 그만큼 관심과 흥미가 없다는 것을 방증하는 것이다. 아무리 사람 이름을 잘 기억하지 못하는 사람이라고 해도, 자신이 너무나 좋아하는 사람의 이름을 기억 못 할 리 없다. 영어 단어를 잘 못 외우는 사람이라도 자신이 좋아하는 물건이나 게임의 외국어는 쉽게 기억한다.

일단 다음에 나오는 과제를 먼저 해 보자.

각 문항에서 세 종류의 질문이 나온다. 하나는 네모 안에 있는 단어의 글씨체가 오른쪽에 있는 단어의 글씨체와 같은지 다른지 물어보는 것이고, 또 다른 질문은 네모 안에 있는 단어가 오른쪽 단어와 각운(단어 끝 음이 같은 경우 각운이 있음)이 같은지 다른지 물어보는 것이고, 마지막 질문은 네모 안에 있는 단어가 오른쪽 문장의 빈칸에 들어갈 수 있는 적당한 단어인지 아닌지 물어보는 것이다. 각 문항들에 대해 "예"나 "아니오"로 가능한 빠르고 정확하게 대답해 보기 바란다.

우선, 각 질문의 예와 정답을 먼저 연습해 보자.

• 네모 안의 단어가 오른쪽 단어와 글꼴(서체)이 같나요?

오리   머리

(정답: "아니오." 왜냐하면 오리는 고딕체인데, 오른쪽 단어의 글꼴은 명조체이다.)

• 네모 안의 단어가 오른쪽 단어와 각운이 같나요?

오리   머리

(정답: "예." 왜냐하면 둘 다 '리'로 끝나기 때문이다.)

• 네모 안의 단어가 오른쪽 문장 속의 빈칸에 들어갈 수 있나요?

오리　　나는 연못에 있는 ＿＿＿를 보았다.

(정답: "예." 왜냐하면 의미적으로 가능한 얘기이기 때문이다.)

　자, 이제 세 가지 질문에 대한 연습을 해 보았으니, 아래 나오는 각 질문에 대해 빠르고 정확하게 여러분이 직접 대답해 보기 바란다.

• 네모 안의 단어가 오른쪽 문장 속의 빈칸에 들어갈 수 있나요?

치마　　오늘 우리 반 남학생이 ＿＿＿를 입고 등교해서 친구들이 놀랐다.

• 네모 안의 단어가 오른쪽 단어와 각운이 같나요?

의자　　감자

• 네모 안의 단어가 오른쪽 단어와 글꼴이 같나요?

나무　　머리

• 네모 안의 단어가 오른쪽 문장 속의 빈칸에 들어갈 수 있나요?

다리　　슬플 땐 너의 ＿＿＿가 듣고 싶어.

• 네모 안의 단어가 오른쪽 단어와 각운이 같나요?

우산 연필

• 네모 안의 단어가 오른쪽 단어와 글꼴이 같나요?

바람 머리

• 네모 안의 단어가 오른쪽 문장 속의 빈칸에 들어갈 수 있나요?

옥상 어제 ____에서 나는 라면을 먹었다.

• 네모 안의 단어가 오른쪽 단어와 각운이 같나요?

수첩 물건

• 네모 안의 단어가 오른쪽 단어와 글꼴이 같나요?

마을 거위

• 네모 안의 단어가 오른쪽 문장 속의 빈칸에 들어갈 수 있나요?

소금 어제 사무실에 도둑이 들어와 ____을 훔쳐 갔다.

• 네모 안의 단어가 오른쪽 단어와 각운이 같나요?

거리 거미

• 네모 안의 단어가 오른쪽 단어와 글꼴이 같나요?

창문   머리

• 네모 안의 단어가 오른쪽 문장 속의 빈칸에 들어갈 수 있나요?

반지   내가 너를 사랑하는 이유는 너의 ___ 때문이야.

• 네모 안의 단어가 오른쪽 단어와 각운이 같나요?

황혼   약혼

• 네모 안의 단어가 오른쪽 단어와 글꼴이 같나요?

공책   머리

자, 모든 질문에 대답을 했는가?

여러분이 각 질문을 잘 읽고 제대로 대답했을 것으로 예상하지만, 사실 여기서 의도하는 것은 여러분이 대답을 잘 했는지 알아보려는 것이 아니다. 여러분이 조금 전 보았던 단어들을 얼마나 잘 기억하고 있는지 알아보려고 하는 것이다. 다시 앞으로 가서 단어를 보지 말고, 책을 덮고, 네모 안의 단어들을 한번 기억해 보라.

어떤 단어들이 기억에 떠오르는가? 혹시 치마, 다리, 옥상,

소금, 반지 같은 단어는 생각나는데, 다른 단어들은 잘 기억나지 않는가? 그 이유는 무엇이라고 생각하는가?

앞으로 다시 가서 보면, 여러분이 기억한 단어들은 문장에서 빈칸에 들어갈 수 있는지 판단해야 하는 과제에 나온 것들이고, 이 과제는 그 단어들의 의미가 파악되어야만 대답할 수 있는 것이다. 하지만 각운이나 글꼴을 묻는 질문에 나온 단어들은 각 단어들의 의미를 생각할 필요가 없다. 그냥 소리나 모양만 판단하면 된다.

같은 시간 어떤 대상을 본다고 해도, 그것을 나중에 의식적으로 기억해 낼 수 있는지 여부는 얼마나 그 대상에 대해 깊이 있게, 심도 있게 생각했느냐에 달려 있다.* 이와 관련해서 잠시 후에 다시 얘기하기로 하고, 한 가지 과제를 더 해 보자.

아래에 보면 1번부터 12번까지 번호가 매겨져 있고, 6개의 번호에는 이미 이름이 쓰여 있는데, 나머지 6개의 번호에는 빈칸이 있다. 이 빈칸에 여러분과 아주 친한 친구나 가족의 이름을 적어 보자.

● 크레이크와 록하트는, 단기기억과 장기기억의 구분 대신 기억의 처리 수준(level of processing) 모형을 제안하면서, 깊고 의미 있는 처리일수록 기억에 오래 남고, 얕은 처리(여러분이 했던 글자 모양이나 소리 나는 것만 생각하는 것)는 기억에서 금방 사라진다는 것을 실험을 통해 처음 밝혔다(Craik and Lockhart, 1972).

1. 안희찬

2. _____

3. 한세현

4. _____

5. 정안숙

6. _____

7. 장규상

8. _____

9. 김준희

10. _____

11. 윤훈기

12. _____

빈칸에 여러분의 친구나 가족의 이름을 모두 적었는가? 그러면 이제, 아래 12개의 단어를 이용해서 간단한 문장을 스스로 만들어 보자. 1번 단어는 1번의 이름과 짝지어서 문장을 만들고, 2번 단어는 2번에 적힌 이름을 이용해서 문장을 만들면 된다. 그러면 모두 12개의 문장이 만들어질 것이다. 예를 들어, 1번 단어가 '컴퓨터'라면 1번 이름인 '안희찬'을 이용하여 여러분 마음대로 짧은 문장 하나를 만들면 된다(예, 안희찬은 컴퓨터가 고장 나서 기분이 상했다).

자, 이제 위의 각 번호의 이름을 이용해서 각 번호에 해당하는 아래 단어를 짝지어 빈칸에 문장을 만들어 보자.

1. 열쇠 _____

2. 안경 _____

3. 창문 _____

4. 가방 _____

5. 수건 _____

6. 담배 _____

7. 지갑 _____

8. 버스 _____

9. 커피 _____

10. 침대 _____

11. 가을 _____

12. 직업 _____

문장을 모두 만들었는가? 이제 책을 덮고 잠깐 구구단의 6 단과 7단을 외운 후에, 앞 12개의 단어를 노트에 적어 보자. 12개의 단어 모두를 외우는 사람도 있겠지만, 어떤 단어는 회상하지 못하고 어떤 단어는 회상하는 자신을 발견할 것이다. 자신이 회상한 단어 중에 짝수 번호와 홀수 번호에 해당하는 단어 중에 어떤 단어가 많은가? 수업 시간에 이 과제를 학생들에게 시키면 압도적으로 짝수 번호에 해당하는 단어들(2.안경, 4.가방, 6.담배, 8.버스, 10.침대, 12.직업)을 홀수 번호의 단어들보다 더 많이 회상하는 것을 볼 수 있다.

혹시 짝수 번호의 단어가 쉬워서 그런 것일까? 하지만 홀수 단어와 짝수 단어를 서로 바꾸어 다른 학생들에게 같은 과제를 시켜보아도 여전히 짝수 번호의 단어들을 학생들은 더 잘 회상한다. 왜 그럴까? 여러분도 짐작하겠지만 그 이유는 간단하다. 짝수 단어와 짝지어진 이름이 자신에게 친숙하고 잘 아는 사람들이기 때문이다. 자신과 관련된 것이면 그 기억의 자원은 풍부하고 그 기억 강도는 강할 수밖에 없다. 이렇게 자신과 관련된 내용에 대해 기억이 잘 되는 효과를 자기-준거(self-reference) 효과라고 부른다(Rogers, Kuiper, & Kirker, 1977). 홀수 단어와 짝지어진 이름은 여러분이 모르는 사람들이고(사실 필자가 아는 사람들의 이름이다), 따라서 이들과 연합된 단어의 기억 강

　　　　　　　　　　　　　3부 네 마음을 알라

도는 여러분에게 약할 수밖에 없다.

같은 시간 똑같이 공부했는데, 누구는 기억을 잘해서 시험을 잘 보고, 누구는 잘 못하는 이런 일들은 우리 주변에 너무도 많이 일어나는 일이다. 선천적인 기억력의 차이도 있지만, 후천적인 경험이나 학습, 전략 등에 의해 자신의 선천적 능력보다 훨씬 뛰어나거나 훨씬 못한 능력을 갖게 될 수 있다. 같은 시간, 같은 내용을 공부하더라도 별 생각 없이 글자만 봐서는 기억에 도움이 되지 않는다. 앞서 여러분이 했던 것처럼 의미를 생각하면서, 자신과 결부시켜 생각하면 기억을 하는 순간 그 기억의 강도는 강해질 수밖에 없다. 즉 정보가 우리 뇌에 입력될 때(이를 심리학자들은 기억의 부호화 단계라고 부른다) 얼마나 깊게 그 기억 흔적을 남기느냐가 중요하다.

같은 내용이라도 자신과 관련지어 시각화하거나 의미적으로 생각하면서 그 내용을 부호화하면 나중에 더 쉽게 기억해낼 수 있다. 아무리 오래 앉아서 공부를 해도, 자신과 아무런 관련이 없다고 생각하면서 할 수 없이 그냥 기계적으로 읽고 또 읽는 일을 반복하는 것은 말 그대로 밑 빠진 기억의 독에 물을 계속 붓고 있는 일이나 다름없는 것이다.

24. 생존을 위한 기억

우리가 입력되는 정보들을 얼마나 의미 있게 받아들이고 생각하느냐에 따라 기억의 강도는 달라진다. 즉 깊이 있게 처리할수록 기억의 흔적이 강해진다. 많은 기억 연구들은 정교한 실험을 통해 이를 경험적으로 증명해 왔다.

그렇다면, 가장 깊이 있는 처리란 무엇일까? 다른 말로, 어떻게 하면 가장 기억에 오래 남을까? 같은 단어들을 보여 주면서, 글꼴을 판단하게 한 집단보다는 그 단어의 의미를 판단하게 한 집단(앞서 문장의 빈칸에 들어갈 수 있는지 판단한 집단)이 단어들을 더 잘 기억했다. 그리고 의미를 판단하게 한 집단보다 그 단어를 자신과 관련해서 생각하게 한 집단(예를 들면 그 단어를 자신이 얼마나 좋아하는지 혹은 싫어하는지 10점 만점으로 판단하게 한 집단)의 기억 수행이 더 좋았다. 그렇다면 자신(self)과 관련

해서 생각하는 조건보다 더 기억 수행률을 높게 만드는 처리
는 무엇일까?

최근 일련의 연구들은 바로 '생존(survival)'과 관련된 생각
이 가장 깊이 있는 처리를 유도한다는 증거를 보고해 왔다(최
준혁과 김민식, 2010; Nairne, Thompson, & Pandeirada, 2007). 특히 실
험 참가자들에게 과거 원시시대처럼 맹수들이 있는 초원에 홀
로 남겨지는 상황을 상상하면서 각 단어들이 얼마나 필요하고
중요한지 점수를 매겨 보라고 한 조건(생존 조건)은 이전의 다
른 어떤 조건들보다도 높은 기억 수행률을 보인 것이다. 어쩌
면 우리 인류 조상들 대부분이 생존해 오면서 대부분의 시간
을 보낸 초원의 상황은 우리 기억이 가장 효율적으로 작용하
는 환경일 수 있다.

왜 기억하는가? 기억의 기능은 무엇일까? 누가 적이고 친구
인지 알기 위해, 먹을 음식이 어디에 있는지 알기 위해, 편안히
쉴 수 있는 안전한 곳이 어디인지 알기 위해 기억은 필요하다.
하나하나 따져 올라가다 보면, 결국 기억은 우리가 살아가기
위한 것이고 생존을 위한 것이라는 결론에 이르고, 최근의 많
은 기억 연구들 역시 이를 뒷받침하고 있다. 생존에 유리한 기
억의 기능이 우리에게 있는 것이고, 생존에 중요한 기억의 종
류나 기능들은 우리가 의도하든 그렇지 않든 간에 작동하게

되어 있다.

생존과 관련된 것이면 우리는 거의 자동적으로 잘 기억한다. 이유는 간단하다. 생존과 관련된 것들을 잘 기억하는 사람들만이 살아남았고, 우리는 그들의 후손들이기 때문이다. 여러분은 무엇을 잘 기억하는가? 기억을 잘하는 그것에 여러분의 관심이 있고 흥미가 있는 것이다.

한 가지 더, 여러분 특히 젊은 친구들이 점검하고 가야 할 것이 있다. 여러분이 잘 기억하고 있는 것이 여러분의 현재의 관심과 모습을 보여주듯이, 여러분은 자신의 현재 관심과 모습이 과연 생존과 적응에 유리한지 따져 보자. 게임이나 도박에 빠져 게임의 아이템이나 룰, 그와 관련된 일화를 줄줄이 기억하고 있는가? 만일 여러분의 관심거리가 여러분의 생존과 적응에 별 도움이 되지 않는 것이라면, 좀 더 자신의 발전에 도움이 되는 것으로 관심을 돌릴 필요가 있다. 기억은 생존을 위한 것이며 여러분의 관심은 기억의 방향을 결정짓는다. 그리고 기억의 방향은 결국 여러분의 미래와 생존을 결정하기 때문이다.

그리고 또 한 가지만 더 언급하겠다. 문명이 발달해 축적된 지식들을 기억하고 활용하는 것이 중요해진 오늘날, 우리의 의

식적 기억 능력은 각종 시험이나 업무를 통해 도전 받고 있다.●
위에서 언급한 깊이 있는 처리는 그나마 의식적인 기억을 향상
하는 데 참고할 만한 책략이다. 여러분, 특히 청소년이라면 젊
었을 때 많은 정보들을 접하는 것이 중요함을 강조하고 싶다.
여러분의 기억은 부익부 빈익빈처럼 아니 그보다 더 하게, 젊
었을 때 많은 것을 공부하고 기억해 놓을수록 점점 더 기억을
잘하게 된다는 점을 잊지 말기 바란다.

　미국에서 처음 수업 조교를 하면서 어려웠던 점 중에 하나
가 미국 학생들의 이름을 외우는 것이었는데, 많은 이름들이
마치 무의미 철자처럼 생소하고 기억하기 어려웠다. 하지만 처
음 한두 학기가 지나면서 여러 이름에 익숙해지고, 그 이름과
관련된 학생들을 기억하면서 각 이름과 관련된 이미지나 에피
소드, 의미 등의 정보가 쌓였고, 이런 정보들은 나중에 비슷
한 이름을 외울 때 도움이 되었다. 가령, 앨런이라는 새로운 학
생의 이름은 예전에 앨런이라는 학생을 떠올리면서 비슷한 점
을 찾아 부호화시키는 데 도움이 되는 것이다.

　기억은 처음에 부호화 과정을 거치는데, 어떤 정보는 부호

●　중간고사, 기말고사, 각종 시험, 고시를 준비하고 공부하는 학생, 수험생들에게 경의를
표한다.

화하기가 쉬운 반면, 어떤 정보들은 부호화하기 어렵다. 가령, 의미 있는 단어들(책상, 수첩, 거울 등)을 기억하는 일은 아무런 의미도 없는 철자들(쭦허, 가튭, 테쥬 등)을 기억하는 것보다 쉽다. 바둑 프로 기사들은 다른 사람이 바둑 두는 것을 보고 나중에 그 순서를 그대로 기억해 내곤 한다. 그 이유는 기존의 지식 때문이다. 바둑과 관련된 풍부한 지식이 이미 있어서, 다른 사람들이 새롭게 두는 순서도 기존의 지식의 도움으로 쉽게, 의미 있게 부호화되고 저장될 수 있다. 하지만 바둑을 전혀 두지 못하는 두 사람이 순서대로 흰 돌과 검은 돌을 놓게 하면 아무리 프로 기사라도 그 순서를 외우기가 어렵다. 의미가 없기 때문이다.

이것은 어떤 분야에서 많은 지식을 갖고 있는 사람이 그 분야의 새로운 지식을 더 쉽게 더 빨리 이해하고 습득할 수 있음을 의미한다. 그야말로, 똑같은 시간을 공부해도, 더 아는 사람이 훨씬 더 많이 알게 되고, 모르는 사람과의 격차는 점점 더 커진다는 얘기다.

그러면 지금 지식이 미천한 사람은 어찌해야 하나? 그냥 포기해야 하는가? 여기서 말하고 싶은 것은 그냥 포기하라는 얘기가 아니다. 처음부터 지식을 갖고 태어난 사람도 없고, 기억하는 것 역시 처음에는 누구나 다 어렵다. 어렵다고 자신이 기억을 잘 못하는 사람이라고 생각하거나, 앞으로도 계속 그렇게 힘들 거라고 미리 겁먹을 필요는 없다. 거꾸로 생각하면, 처음 새로운 것을 공부하고 기억하는 일은 매우 어렵지만, 어느 정도 그 분야의 지식을 갖게 되면 점점 그와 관련된 정보를 기억하는 일이 쉬워진다는 말을 하고 싶은 것이다.

25. 마음의 상대성

우리 마음은 객관적인 대상 자체만을 보고 느끼고 생각하는 것이 아니라, 대상과 함께 그 대상을 둘러싼 배경 혹은 맥락도 같이 보고, 느끼고, 생각한다. 앞에 나왔던 4개의 원이 한쪽은 밝게, 다른 쪽은 어둡게 보이는 것이 그 좋은 예이다.

에빙하우스 착시라고 부르는 다른 예를 보자. 주변에 큰 원들이 있을 때와 주변에 작은 원들이 있을 때, 중앙에 있는 원은 같은 크기라도 다르게 보인다. 비단 보이는 것만 그런 것이 아니다. 주변에 누구와 함께 있느냐에 따라, 누구와 자신을 비교하느냐에 따라 자신의 모습 역시 달라진다. 자신의 상태는 바뀐 것이 없는데도 자신보다 어려운 처지에 있는 사람과 비교하면 자신은 행복한 편이 된다. 자신보다 더 잘되고 잘나가는 친구들과 자신을 비교하면 자신은 초라해진다. 따라서 매일

'저 높은 곳'과 비교하고 그 곳을 향해 가는 인생은 고달프고 행복해지기 힘들다. 물론 저 높은 곳을 향한 마음의 위안은 받을 수 있다. 아무튼, 현재의 행복은 이러한 상대성에서 탈피해야 가능한 것일지도 모른다. 그리고 상대성으로부터의 탈피는 인간 본성으로부터의 탈피만큼이나 어려운 일이 될 것이다.

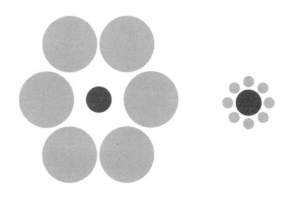

· 에빙하우스 착시

일단 우리는 태생적으로 어떤 특정한 대상만을 따로 떼어서 보기 힘든 존재라는 점을 인정해야 한다. 왜 우리는 어떤 대상과 함께 그것의 배경이나 맥락을 함께 보고 판단할까? 그렇게 하는 것이 많은 상황에서 우리가 효과적으로 정보를 처리하고, 나아가서 주어진 환경과 상호작용하며 생존하는 데 더 유리하다는 점은 분명하다.

이를테면 당신이 하얀 종이를 볼 때, 밝은 태양 혹은 백열등 아래에서나 해 질 녘의 어두울 때나 비슷하게 하얀 종이라는 것을 안다. 하지만 하나의 동일한 하얀 종이라고 해도 어떤 조명 밑에 있느냐에 따라 빛을 반사하는 절대량은 다르며, 따라서 그 종이의 하얀 정도는 다를 수밖에 없다. 심지어, 흐린 날 보는 하얀 종이의 '하얀 정도'는 밝은 태양 아래에서 보는 회색 종이보다도 하얗지 않다. 하지만, 대부분의 경우 우리는 조명이 흐려졌다고 해서 하얀 종이가 회색으로 바뀌었다고 착각하지 않는다. 그 이유는 바로, 우리가 하얀 종이만 보는 것이

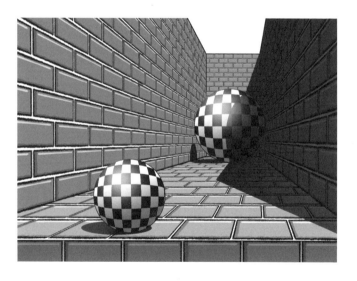

· 동일한 크기의 원

　　　　　　　　　　　　　　　　　　3부 네 마음을 알라

아니라 주변의 다른 사물들의 밝기와 색도 함께 보기 때문이다. 조명이 어두워지면 흰 종이의 색만 변하는 것이 아니라 주변의 다른 사물들의 색도 함께 변하기 때문에 우리는 흰 종이가 여전히 '다른 사물들에 비해 하얗다'고 지각할 수 있는 것이다.

크기에 대한 지각도 마찬가지다. 앞의 그림에서 보듯이 두 개의 큰 원은 2차원 상에서 같은 크기이다(자를 가지고 재어 보라. 지름이 동일하다). 즉 우리 눈의 망막에 맺힌 상(이미지)의 크기가 같다는 말이다. 하지만 우리는 3차원적인 거리 맥락을 고려해서 뒤에 있는 원이 훨씬 더 크다고 판단한다.[*] 외부 세계에 대한 우리의 지각과 판단은 비단 물리적인 주변 맥락에 의해서만 영향을 받는 것은 아니다.

자신의 정서 상태나 기분에 의해서도 지각은 달라질 수 있다. 즉 정서적 맥락에 의해 영향을 받기도 한다. 재미있는 게임을 하거나 좋아하는 이성과 얘기를 하다 보면 한두 시간이 금세 지나가는데 하기 싫은 공부를 할 때는 한 시간이 길기만 하

● 참고로, 우리의 감각기관에 들어오는 감각 정보들이 시시각각 변화함에도 불구하고 우리는 같은 사물에 대해 일정한 지각을 유지하는데, 이를 심리학에서는 지각 항등성이라 부른다. 지각 항등성에는 위의 예처럼, 밝기 항등성이나 크기 항등성도 있고, 색 항등성, 모양 항등성 등등 여러 가지가 포함되어 있다.

다. 기분이나 정서 상태에 따라 시간에 대한 지각이 달라지는 것이다. 거리에 대한 지각도 마찬가지다. 공포감을 느낀 대상으로부터의 거리는 더 가깝게 느낀다(Colel, Balcetis, & Dunning, 2013). 크기 지각은 어떨까? 무서운 장면을 통해 부정적인 흥분 상태가 유발되는 경우에는 그렇지 않은 경우에 비해 같은 크기라도 좀 더 크게 지각한다(van Ulzen et al., 2008).

최근 필자의 연구실에서는 우리가 감지 못하는 정서적 자극에 의해 크기 지각이 달라지는지 실험해 보았다(김경아와 김민식, 2014). 실험 참가자들은 컴퓨터 모니터 앞에 앉아서 하나씩 제시되는 동그라미의 크기를 판단하는 과제를 수행하였다. 다양한 크기의 동그라미 중 하나가 무작위로 잠깐 제시된 후, 참가자들은 방금 본 동그라미의 크기를 여러 보기들 중 가장 비슷한 것으로 선택하면 되는 과제였다. 그런데, 이 실험에서 중요한 점은 참가자들이 크기를 판단해야 하는 동그라미를 제시하기 전 짧은 시간 동안 동그라미가 제시될 위치에 사람 얼굴 자극을 제시했다는 점이다. 사람 얼굴 자극은 약 0.2초 동안 제시되거나 혹은 0.01초 동안 제시되었다. 일반적으로 얼굴 제시 시간이 0.1초 이상이 되면 사람들은 그 얼굴을 지각할 수 있다. 하지만 0.01초 제시되는 경우에는 어떤 자극이 제시되었는지 혹은 뭔가가 제시되긴 했는지조차 의식하지 못하게 된다.

우리가 사용한 얼굴 자극 중 어떤 얼굴은 그냥 무표정한 중립 자극이고, 어떤 얼굴은 공포에 질린 표정을 하고 있는 정서적 자극이었다. 이런 독립변인을 사용한 이유는 "스스로 알 수 없는 (무의식적) 정서적 상태에 의해서도 우리의 (크기) 지각이 달라지는가?"를 알아보기 위해서였다. 실험 결과, 참가자들이 얼굴 자극을 의식한 경우(0.2초 제시 조건)에는 무서운 얼굴 이후에 제시된 동그라미를 중립적인 표정 얼굴 후에 제시된 같은 크기의 동그라미보다 더 큰 것으로 지각하였다.

흥미로운 것은 얼굴 자극이 제시되었는지 의식하지 못한 조건(0.01초 제시 조건)에서도 참가자의 크기 지각에 변화가 생겼다는 점이다. 무서운 얼굴을 의식한 조건에서는 크기 판단이 실제 크기보다 좀 더 큰 것으로 지각한 반면, 무서운 얼굴을 의식할 수 없는 조건에서는 선행하는 정서 자극에 의해 크기 지각이 특정한 방향으로 변화되는 것이 아니라 크기 지각의 변산성•이 증가하는 것으로 나타났다. 즉 의식할 수 없었던 정서 자극에 의해 참가자들은 매 시행마다 동그라미의 크기를 실제보다 더 크게 보기도 하고 더 작게 보기도 하는 '흔들리는' 지각을 하는 것이다. 정서에 의해 마음이 흔들리는 것인데, 재미

• 표준편차나 그것의 제곱인 변량으로 이해하면 되겠다.

있는 것은 그 정서 상태를 본인이 전혀 의식하지 못하면서 이런 현상이 나타난다는 것이다. 단순히 동그라미의 크기를 판단하는 것에도 이처럼 우리의 무의식적 정서로 인해 영향을 받는데, 복잡하고 모호한 대상에 대한 판단은 말해서 무엇하랴!

외부 세계를 보고 듣고 만지고 그러면서 배우고 기억하고 판단하고 생각하는 우리의 마음은 이처럼 주변의 물리적 맥락뿐 아니라 정서적인 맥락에 의해서도 영향을 받으며, 이러한 영향은 의식 수준뿐 아니라 무의식적 수준에서도 나타난다.

아래 글을 소리 내어 읽어 보자.

수영	누나
특허청	미륵보살
248	너와나

대부분의 독자들은 왼쪽 열에 있는 글자를 수영, 특허청, 248이라고 읽고, 오른쪽 열에 있는 글자는 누나, 미륵보살, 너와 나라고 읽었을 것이다. 자세히 보면 수영의 '수'와 누나의 '누'는 똑같은 글자를 복사해 놓은 것이다. 특허청의 '특'과 미륵보살의 '륵'도 같는 글자이고, '4'와 '나'도 같는 글자이다. 하

지만 우리는 그 글자들과 함께 나온 글자들, 즉 맥락을 고려해서 각 글자들을 읽고 있다.[*]

우리가 개개의 사물이나 대상만을 따로 보고 생각하는 것이 아니라, 그 대상의 맥락이나 배경과 함께 보는 이유는 무엇일까? 그 이유는 그렇게 하는 것이 외부 세계를 이해하는 데 도움이 되고 더 효율적이기 때문이다. 그리고 그것은 우리의 생존에 매우 중요하게 작용한다. 즉 적응적 가치가 매우 크기 때문이다. 맥락과 함께 사물을 보는 능력은 인간에게 매우 중요한 적응적 가치를 갖고 있고, 일상생활에 많은 도움을 준다.

마음의 상대성은 따라서 필요한 것이고 대부분의 상황에서 별 문제가 없다. 하지만, 상대적으로 지각하고 상대적으로 판단하는 우리의 마음은 때때로 착시나 판단 착오, 비논리적인 추론을 하게 만들기도 한다.

비행기를 타기 위해 공항으로 가는데 도로에 사고가 나서 1시간이나 늦게 공항에 도착했고 탑승 수속은 이미 마감되었다고 하자. 그런데 항공사 직원이 5분만 일찍 왔어도 탑승할 수

● 참고로 우리가 기존에 갖고 있던 지식이나 동기, 기대 등이 우리의 정보처리 과정에 영향을 주는 방식을 하향적top-down 처리라고 부른다. 이와는 대조적으로 감각기관을 통해 입력된 정보에만 의존해서 정보처리를 하는 방식을 상향적bottom-up 처리라고 부른다. 우리는 이 두 가지 처리를 모두 거의 동시에 하고 있다.

있었다는 얘기를 하면 너무 아쉬운 생각이 든다. 한 시간 전에 수속이 마감되었다는 얘기를 들었다면 별로 아쉬운 생각이 들지 않았을 것이다. 어차피 비행기를 놓친 것은 같지만 상대적인 우리 마음은 맥락에 따라 기분이 달라진다.

여러분이 필요한 물건을 여기서 사는 것보다 20분 걸어서 갈 수 있는 위치에 있는 다른 가게에서 살 때 5,000원이 싸다면 여러분은 그 곳에 걸어서 가겠는가? 심리학 책이 여기서 1만 2,000원인데, 20분 거리의 서점에서 7,000원에 판다고 하면 아마도 많은 사람들은 5,000원을 절약하기 위해 20분을 걸을 것이다. 하지만 이곳 매장에서 1,200만 원 명품 시계를 20분 거리의 다른 매장에서 1,199만 5,000원에 판다는 것을 알아도 여러분은 20분 걸어가겠는가? 같은 노력(20분 걷기)으로 같은 금액(5,000원)을 절약하는 것이지만, 상대적인 우리 마음은 문제가 되는 질문 '얼마의 노력으로 얼마의 이득을 얻는가'와는 전혀 관련이 없는 '얼마짜리 물건을 사는가'라는 맥락을 생각하면서 이런 기본적 산수를 놓치는 것이다.

아무것도 바뀐 것은 없는데, 우리가 어떻게 생각하느냐에 따라 우리는 행복해지기도 하고 불행해지기도 한다. 이것 역시 우리 마음의 상대성 메커니즘으로 인한 것이다.

아들 녀석이 군대에 갔다. 21개월을 현역으로 복무해야 하는데, 현재 10개월 근무했으니 11개월이 남은 셈이다. 제대가 한두 개월 남은 선임 병사를 보면 부럽기도 하고, 자신에게 남은 11개월에 한숨이 나오기도 한다. 하지만 갓 배치된 후임 병사를 보면 10개월이나 근무한 자신에 대해 행복감을 느낀다. 행복이라는 것이 이렇게 상대적으로 그리고 순간적으로 왔다 갔다 하는데, 여러분은 이러한 행복을 절대적인 가치라고 믿고 있는가? 이처럼 깃털같이 가벼운 행복을 좇아서, 행복을 마치 인생의 최대 목표인 것처럼 살아가야 하는가? 사실 행복감이란 우리가 생존하는 데 도움을 주는 몸의 신호와 유사하다(서은국, 2014).* 중요한 것은 생존이다. 개체의 생존, 집단의 생존, 종의 생존. 행복의 상대성 원리는 마음의 상대성 원리 중 하나일 뿐이며, 우리 마음의 비밀을 열어 줄 큰 열쇠는 바로 우리의 상대적 마음을 이해하는 데에서 찾을 수 있다.

대중교통을 이용해서 출퇴근하는 회사원이 작은 차라도 자가용이 있다면 더 바랄 것이 없겠다고 생각하더라도, 막상 작은 자가용이 생기고 몇 년이 지나고 나면 자신의 차보다 큰 차들만 보이게 된다. 작은 전셋집에 사는 사람이 방 두 개, 거실

● 행복과 관련된 심리학 연구들은 서은국 교수의 『행복의 기원』(2014)이라는 책을 참고하기 바란다.

한 개 있는 아파트 한 채를 소유하면 소원이 없겠다고 생각하지만, 막상 꿈을 이루고 나면 다시 방 세 개 있는 조금 더 큰 아파트를 희망하게 된다. 결국 우리의 욕심은 끝이 없는 걸까? 다시 말하면, 우리는 결코 만족하거나 행복해질 수 없는 걸까? 답이 어디에 있는지 독자 여러분도 한 번 생각해 보기 바란다.•

● 노벨 경제학상을 수상한 폴 새뮤얼슨(Paul Samuelson) 교수는 행복을 '소비를 욕망으로 나눈 값(Happiness=consumption/desire)'으로 정의했다. 행복 심리학의 대가인 에드 디너(Ed Diener) 교수 역시 '행복=가진 것/원하는 것'으로 표현했다. 가진 것이 많으면 여러분은 행복할 수 있다. 하지만 가진 것이 많아도 원하는 것이 늘어나면 행복감은 줄어든다. 거꾸로 가진 것이 별로 없어도 원하는 것(욕망)이 0에 가까워지면 행복감은 크게 증가할 수 있다. 욕심을 버리고, 마음을 비우는 지혜를 옛 성현들이 강조해 왔던 것과 맥을 같이하는 것이다.

26. 비교의 함정

배우자를 찾는 결혼 적령기의 여성에게 두 남자를 소개하는 상황을 상상해 보자. 배우자에 대한 여러 '조건'들이 있고 각자 선호하는 바가 다르겠지만, 이해하기 쉽게 여기서는 상황을 아주 단순화시켜 생각해 보기로 하겠다. 두 남자 중 A는 연봉이 약 1억 원이고 보통 체격에 키가 172cm이다. 반면에 B는 연봉이 약 6천만 원이고 보통 체격에 키가 182cm이다. 그리고 외모나 학력, 종교, 성격 등 다른 조건들은 모두 비슷하다고 가정하자(배우자를 찾는 요즘 여성들이 중요하게 생각하는 요인 중 2가지를 선택한 것이고, 이해를 돕기 위해 가능한 단순화한 것이니 불만을 갖지 말기 바란다). 결혼하려는 여성 100명에게 이 두 남자 중에 누구를 더 선호하냐고 물었을 때, 50명은 A를 선호하고 50명은 B를 선호하였다고 하자. 즉 일반적으로 사람들은 A와 B를 비교

남자A	남자B
연봉 1억 원	연봉 6천만 원
키 172cm	키 182cm

남자A	남자B	남자C
연봉 1억 원	연봉 6천만 원	연봉 1억 원
키 172cm	키 182cm	키 166cm

남자A	남자B	남자C
연봉 1억 원	연봉 6천만 원	연봉 4천만 원
키 172cm	키 182cm	키 182cm

했을 때 A나 B를 비슷한 정도로 선호했다고 할 수 있다. 키는 좀 아담해도(?) 연봉이 높은 사람과, 연봉은 상대적으로 좀 낮아도 키가 큰 사람을 비슷한 수의 여성들이 각각 선호한 것이다. 그런데 만일 같은 여성 100명에게 A와 B라는 남자와 함께 이 두 사람보다 조건이 떨어지는 C라는 남자도 함께 제시해서 A, B, C 중에 한 명을 선택하게 하면 어떻게 될까? 당연히 C라는 사람은 아무도 선택하지 않을 것이고, 그렇다면 100명의 여성은 다시 비슷한 정도로 A나 B를 선택하게 될까? 정답은 C에 따라 A를 더 선택하거나 B를 더 선택할 수도 있다.

100명의 여성 중 어차피 C는 아무도 선택하지 않는데, A, B, C 모두 제시할 때는 A와 B만 제시할 때와 비교해서 A와 B에 대한 선호도가 달라진다? 어떻게 달라질까?

자, 이런 경우를 생각해 보자. A와 B의 연봉과 키는 그대로이다. 이제 함께 제시하는 C라는 남자는 앞의 A와 모든 면이 같지만 키가 더 작다(예. 연봉이 약 1억 원이고 키는 166cm). 이런 경우, 여성 100명 중에 C를 배우자로 선택하는 사람은 거의 없다. 모두 A 아니면 B를 선택하게 되는데, 여기서 A와 비슷하지만 A보다 못한 C를 선택 항목에 추가하게 되면, 더 많은 여성들이 B보다는 A가 더 매력적이라고 선택할 가능성이 높아진다. 반대로 함께 제시하는 C를 B와 비슷하지만 B보다 못한 남자로 추가해서 보여주는 경우(예. 연봉이 4천만 원이고 키는 182cm) 여성들은 A보다 B를 더 선호하는 것으로 바뀐다. 왜 이런 일이 일어날까? C가 없을 때에는 A와 B가 같은 선호도를 보였다가, 어떤 C를 추가하느냐에 따라 이렇게 선호도가 바뀌는 이유는 무엇일까? 이유는 간단하다. 사람들은 비교하기 때문이다. 연봉과 키는 각기 다른 차원이다. 하나의 차원을 다른 차원과 비교하기 어렵고, 따라서 A와 B만 있을 때에는 두 사람을 서로 비교하는 것이 어렵다. 하지만, A와 비슷하지만 A보다 못한 C라는 추가 옵션이 있으면, A는 C와 비교해서 훨씬 돋보이게 되고, 따라서 사람들은 A를 더 선호하게 되는 것이다.

TV 종류/특징	가격	크기
A	200만 원	52인치
B	150만 원	40인치

A라는 TV와 B라는 TV가 매장에 위의 조건처럼 전시되어 있는 상황을 생각해 보자. 모든 사양은 동일하고, 차이는 A라는 TV는 52인치 화면에 200만 원이고 B라는 TV는 40인치 화면에 150만 원이다. 그리고 이 두 TV는 지난 한 달 동안 이 매장에서 비슷한 정도로 팔렸다고 하자. 그런데, 이 매장의 주인

은 A라는 TV의 재고가 많이 남아서 같은 가격으로 더 많이 팔고 싶다면 어떻게 할 수 있겠나? 간단하다. 전시되어 있는 두 TV 옆에 제3의 C TV를 아래 조건으로 전시해 놓으면 된다.

TV 종류/특징	가격	크기
A	200만 원	52인치
B	150만 원	40인치
C	220만 원	45인치

가격과 크기라는 속성은 서로 독립적이라서 A와 B만이 놓여 있을 때에는 하나는 크고 비싸며, 다른 하나는 상대적으로 작고 싼 가격이라 서로 비교할 것이 별로 없다. 그냥 자신의 형편이나 기호에 맞게 고르면 된다. 하지만 위와 같이 가격이 220만 원이고 45인치인 TV를 놓으면 얘기가 달라진다. A와 C를 비교하면, A는 C보다 가격이 싸지만 오히려 크기가 더 크다. 얼마나 이익인가! B와 C를 비교하면, 여전히 하나는 가격이 싸고 작으며 다른 하나는 가격이 비싸고 크다. 비교하기 어렵다. 따라서 상대적으로 비교 가능한 A와 C중에 A가 훨씬 좋기 때문에 사람들은 이제 죄 없는(?) B를 버리고 A를 더 선호하게 되는 것이다.

같은 논리로, 아래와 같이 C라는 TV를 놓으면, 반대로 사람들은 A보다 B를 더 선호하게 된다. 즉 여기서 A는 C와 비교할 때 크고 비싼 TV로 비교하기 어렵지만, B와 C를 비교해 보면, B가 C보다 화면은 더 크지만 가격은 더 저렴하기 때문에 사람들은 A보다 B를 더 선호하게 되는 것이다. 아무도 C를 선택하지 않지만, 소비자의 선택 대상이 되지 않는 C라는 일종의 바람잡이(decoy)*를 이용하여 다른 두 TV의 선호도를 이렇게 바꿀 수 있다.

TV 종류/특징	가격	크기
A	200만 원	52인치
B	150만 원	40인치
C	180만 원	32인치

소비자들은 자신이 이렇게 비교해 가며, 더 유리한 조건으로 제품을 구입한다고 뿌듯할지 모르겠지만, 사실 소비자의 심리를 이용한 마케팅 전략은 소비자 머리 꼭대기에 있는 경우가 다반사이다.

● 댄 애리얼리(Dan Ariely, 2008) 교수는 그의 저서 『상식 밖의 경제학(Predictably Irrational)』에서 이러한 바람잡이 효과(decoy effect)가 제품 선호도뿐 아니라 얼굴에 대한 선호도 평가에도 나타나며, 인간의 의사 결정에서 상대성의 중요함을 역설하고 있다.

27. "너의 마음을 알라!"
: 인간의 마음에 대한 생각들을 돌아보며

기원전 그리스 철학자 소크라테스가 말한 "너 자신을 알라"는 정말 어려운 요구다. 오늘날 인지과학자의 입장에서 보자면, 의식적 생각은 그나마 조금 알 수 있겠지만, 뇌에서 일어나는 자신의 무의식적 정보처리 과정을 어찌 알겠는가? "나는 생각한다, 고로 존재한다"라는 데카르트의 말도 심오한 철학적 사유를 통한 명언이기는 하지만, 현대 인지심리학과 뇌과학자의 입장에서 보자면 이 역시 인간의 이성과 의식적 사고만을 강조했다는 점에서 불만이다.

인간의 마음과 행동에 관련된 수많은 말들을 생각해 보자. 기원전 부처님을 비롯하여 공자, 맹자 순자를 비롯한 동양의 수많은 현인들의 주옥같은 이야기와 그 사상들, 소크라테스,

플라톤, 아리스토텔레스와 같은 고대 그리스 철학자들로부터 이어져 내려온 이야기와 사상들도 빼놓을 수는 없다. 성경에 나오는 구약 시대의 솔로몬의 지혜와 다윗의 시들, 그리고 2000년 전 예수님의 말씀은 또 어떠한가? 수천 년이 지난 오늘날에도 많은 사람들과 학자들은 이처럼 많은 선현들의 말씀을 곱씹으며 연구하고, 재해석하고, 재조명하고, 가르치고 설파한다.

그렇다면 지금 우리 시대 현자들의 인간에 대한 생각과 가르침은 무엇인가? 옛 현자들의 생각에서 얼마나 발전했고 얼마나 놀라운 통찰을 제공하는가? 우리 마음과 행동에 대한 새로운 통찰을 제공하고 새로운 방향과 비전을 제시하고 그래서 우리의 마음을 더 풍요롭게 만들어 주고 있는가? 인간이 별로 바뀐 것이 없는데 인간에 대한 새로운 통찰을 기대하는 것은 무리일까? 그렇다면 과학기술의 발전과 한번 비교해서 생각해 보자.

불과 100년 전의 과학적 지식들은 오늘날과 비교하면 초라하기 짝이 없다(그 당시 과학자들을 비하하는 말이 절대 아니다. 그 분들의 노력이 없었다면 오늘날의 과학은 없었다). 오늘날의 과학 기술과 지식이 대학원 수준이라면 불과 100년 전의 과학 지식은 유치원 수준도 되지 않는다. 그러면 기원전 동서양의 대표 주자인 공자와 소크라테스의 사상을 생각해 보자. 2500년이 지난 지금도 우리는 계속 그 사상에 놀라면서, 배우고 깨닫고 새로운 가르침을 받고 있다. 물론 인문사회과학도 많은 발전이 있는 건 사실이지만, '*인간의 마음과 행동*'에 대한 수천 년간의 사상과 지식의 발전은 과거 100년의 과학 발전과 비교할 때 정말 초라하기 짝이 없다.

사실 인간의 문명이 발전하기 이전 구석기, 신석기 시대에는 그야말로 거의 과학 발전 없이 수만 년을 지내 왔다. 인류가 생겨난 시기부터 생각해 보면, 과학 발전은 정말 눈 깜짝하는 순간 이루어진 것이다. 현대 과학의 눈부신 발전은 체계적이고 객관적인 과학적 방법을 통해 지식을 쌓고 거기에 다시 지식을 쌓으면서, 과학적 지식 체계가 그야말로 점점 축적되는 과정을 통해 발전한 것이다. 누군가 어떤 원소를 발견하면 다른 과학자는 처음부터 그 원소를 다시 찾을 필요 없이 기존의 발견에 기초하여 추가적인 발견을 하면 되는 것이었다.

하지만, 인간의 마음과 관련해서는 대부분 그렇지 않다. 주옥같은 사상들이 발표되고 주장되고 알려졌다. 현인들의 말을 곱씹기도 하고 그 가르침을 묵상하며 모여서 강독하고 여러 사람들에게 매일 설교한다. 하지만, 우리의 마음은 풍요로워지고 인간의 마음에 대한 이해를 통해 우리 인류는 좀 더 현명해지고 합리적으로 행동하게 되었는가? 비이성적인 행동이 줄어들고 전쟁과 범죄, 각종 사회 병폐나 엽기적 행위들이 줄어들었는가 말이다. 술, 담배, 도박, 마약, 게임 중독에서 자유로워지고 미신적 행동이나 불필요한 공포심이나 공황장애, 우울증이나 불안에서 자유롭게 살고 있는가? 개인의 마음(뇌 기능)에 맞는 적절한 환경이 조성되고 건강하고 효율적인 인지·정서 상태를 유지하면서 살 수 있게 되었는가 말이다.

최근 과학 발전이 인간의 삶에 지대한 영향을 준 것(전기, 통신, 비행기, 스마트폰, 각종 의료 장비 및 약품 등)의 백 분의 일 혹은 그냥 눈곱만큼이라도 오늘날 인간의 마음에 대한 사상이나 발견들이 우리의 마음과 행동을 더욱 긍정적이고 도덕적이며 건강하게 만들어 주었는가 묻고 싶다. 좀 심하게 이야기하자면, 마치 교회나 법당에서 목사님이나 스님들로부터 그때그때 오늘의 양식을 들으며 위안을 받긴 하지만 별로 달라지는 건 없는 것처럼, 몸은 그대로이나 매일 다른 옷을 입으며, 매일 다른 포즈를 취하며, 그것을 성장이고 발전이라고 생각한 것인지도 모른다.

이제는 인간의 마음이나 행동에 대한 과학적 이해를 통해 우리의 삶에 제대로 도움이 되는 방안을 생각할 때가 되었다. 현대 과학 기술이 우리 생활에 큰 변화를 준 것처럼, 마음 과학 역시 우리의 삶에 적용되어 미래 사회에 보다 잘 적응할 수 있도록 도움이 되어야 한다. 과학 만능을 주장하는 것은 아니지만, 적어도 우리는 인간의 마음과 관련하여 수천 년 돌아온 쳇바퀴에서 벗어나 새로운 시각으로 마음을 이해할 때가 되었다는 말이다. 인류 역사상 최초로 우리들은 마음의 기관인 뇌를, 그것도 살아 있는 사람의 뇌 활동을 들여다볼 수 있는 시대에 살고 있다. 과학 기술의 발달로 혹성에 탐사선을 보내는 시대에 물 떠 놓고 달에게 소원을 빌어서야 되겠는가.

그렇다면, 미래의 우리 마음은 어떻게 발전할까? 사실 미래를 추측하는 일처럼 어려울 일은 없을 것이다. 하지만, 한편으로는 아무도 모르는 일이고 책임질 일이 아니니 그냥 자유롭게 추측해 보고 예상해 볼 수도 있다.

우리의 마음은 환경에 적응해 왔고, 미래에도 그렇게 적응할 것이다. 인간이 미래에 대해 상상하는 것은 과거 경험에 의존할 수밖에 없다(D'Argembeau & Demblon, 2012). 즉 미래에 대한 우리의 상상은 제한적일 수밖에 없고, 상상 불가능한 미래가 올 수밖에 없다는 말이다. 불과 100여 년 전의 조선 말 우리 조상들이 오늘 같이 과학 기술이 발달한 사회를 상상할 수 있었겠는가?

다만, 가장 최근까지 발전한 마음과 관련한 과학기술을 바

탕으로 판단해 보자면, 인간의 마음에 대한 과학적 지식의 축적과 활용을 통해 보다 건강하고 효율적으로 인간의 여러 마음 기능들이 사용되고 도움을 받게 될 가능성이 크다. 인공지능 역시 인간의 행동과 마음을 보조해 주는 역할을 수행할 수 있다.

현재 인공지능은 '사물을 보고 그것이 무엇인지 아는 것'을 우리 인간처럼 잘하지 못한다. 홍채나 지문 인식 능력은 인간보다 뛰어나지만 우리 인간이 보는 방식과는 다르다. 알파고가 가로세로 19줄 세상의 바둑판에서 프로 기사를 이기는 능력을 보여주긴 했지만 이세돌을 보고 저 사람이 이세돌인지조차 모르는 '시각적(visual)' 지능은 바보나 마찬가지다. 물론 손이 없으니 바둑알을 집어서 멋지게 바둑판에 놓는 행동도 못한다. 원래 바둑판에서 한 줄만 줄인 가로세로 18줄 바둑판에서 바둑을 두게 하면 프로 기사는 곧바로 실력을 발휘해서 바둑을 둘 수 있지만, 알파고는 이런 패턴이 입력된 적이 없으니 처음부터 다시 배워야 하는 '인간을 닮지 않은 인공지능'일 뿐이다.

여기서 필자는 알파고를 만든 과학자, 공학자들을 깎아내리려는 것이 결코 아니다. 오히려 이들의 노력에 박수를 보내고 이러한 노력이 계속되어야 한다는 입장이다. 알파고를 만든 데

미스 하사비스(Demis Hassabis) 역시 인공지능과 인지신경과학을
전공했고, 필자 역시 인지과학을 전공하면서 인간의 시각적
주의(visual attention, 쉽게 말해서 눈으로 보면서 무엇인가에 주의를 기울
이는 정신작용)를 흉내 낸 신경망 모형을 만들어 보기도 하였다
(Cave, Kim, Bichot, & Sobel, 2005).

바둑의 인공지능을 개발하는 사람이 있고, 시각적 인식이나
시각적 주의를 인공지능화하려는 사람도 있고,* 인간의 언어
나 혹은 감정을 이해하고 이를 표현하는 인공지능을 만들려는
사람도 있다. 혹은 주식이나 경제적 의사 결정을 전문가보다도
더 정확하게 수행할 수 있는 인공지능을 만들기 위해 애쓰는
사람도 있다.

그뿐만 아니라, 의사가 환자의 증상을 보고 진단을 내리듯
환자의 여러 증상이나 생리적 측정치 검사 영상들(MRI나 CT
사진들)을 보고 베테랑 의사보다도 더 정확하게 진단을 내리는
인공지능도 이미 상용화되고 있다. 모든 법과 판례, 국민들과
법률 전문가들이 훌륭한 판결이라 인정한 사례들을 끊임없이
입력해서 스스로 배우는 인공지능은 사적인 것에 휘둘리지 않

● 자동차 번호판을 인식하는 것, 스마트폰에서 사진 찍을 때 사람들 얼굴을 인식하는 것,
무인 자동차 개발에 사용되는 거리나 장면 인식 등이 이런 기술에 해당된다.

는 훌륭한 판사가 될 수 있다. 인간이 하고 있는 다양한 전문 분야에서 인간보다 훨씬 더 뛰어난 그 분야의 인공지능 전문가가 대량 복제되고 사용될 수 있다.

하지만 불행인지 다행인지 몰라도, 이렇게 각 분야에서 인간 전문가와 같거나 그보다 더 능력이 좋은 인공지능이 만들어진다고 해도, 그것이 '종합적인 인간의 능력'을 뛰어넘으려면 아직 멀었다. 아니, 거의 불가능에 가깝다.

독자들이 이세돌을 이긴 알파고의 '지능'을 보면서 떨고 있다면 정말 '소가 웃을 일'이다. 왜냐하면 알파고의 지능은 정말 '소' 지능의 눈곱만큼도 못 되기 때문이다. 소는 우리가 하는 것처럼 3차원 세계의 다양한 시각, 청각, 촉각, 후각을 포함한 다양한 감각적 정보와 운동 정보들을 중요한 것과 그렇지 않은 정보들을 구별해 가며 계산하고 습득하고 이용하고 있다. 이 정도의 놀라운 능력을 갖고 있는 인공지능을 만들려면 우리에게 좀 더 많은 연구와 노력이 필요하다.

사실, 인간의 마음과 같은 로봇을 만들려면 인간의 마음을 우리가 모두 알아야 하는데, 일단 그것이 거의 불가능하다. 세계 도처에 나처럼 인간의 정보처리 과정에 대해 연구하는 많은 인지과학자들과 심리과학자들이 있지만, 실제로 우리가 연구하면 할수록 또 모르는 것이 늘어나는 것처럼 인간을 아직 잘 모르는데 인간과 똑같은 로봇을 만드는 일은 참으로 어려운 일이 될 수밖에 없다. 우리의 정보처리 과정을 그대로 따라 하려면 우선 인간과 같은 감각 정보처리가 일어나야 하는데 사실 이 단계부터 현재 기술 상태로 구현하는 일이 쉽지 않다.

특정한 기능에서 인간의 인지 기능보다 월등한 성능을 수행하는 로봇을 만들기도 하지만 그건 인간의 정보처리 방식과는 다르다. 알파고가 하루에도 수만 개의 바둑 기록을 저장하고 또 하루에도 수만 번의 바둑 게임을 두지만, 인간은 할 수 없다. 인간의 뇌는 한계가 있다. 우리가 잘 아는 천재 바둑 기사 이창호나 이세돌도 아무리 하루에 많이 바둑을 둔다고 해도, 하루에 많은 기보(바둑 경기 기록)를 공부한다 해도, 알파고처럼 많이 할 수는 없다. 알파고가 정말 인간다워지려면, 인간의 두뇌와 비슷한 구조와 더불어 인간이 지닌 정보처리 한계를 같이 지니고 있어야 한다. 아무튼, 인공지능 로봇이 인간이 하는 정보처리 과정을 그대로 따라 해서 인간과 구별할 수 없다면 우리는 그 로봇을 '인간'이라고 부를 수 있는 세상이 올지도 모르겠다.

만일, 정말 인간과 똑같은 인공지능 로봇이 만들어진다면 어떨까? 혹은 모든 면에서 인간보다 월등한 로봇이 생겨난다면? 그땐 좀 긴장할 필요가 있다. 사실, 그 전에도 좀 긴장해야 할 필요가 있긴 한데, 가령 전쟁에 특화된 인공지능 로봇을 만들거나 테러에 적합한 로봇을 만들 수도 있다. 하지만 이런 걱정은 사람들이 새로운 무기나 가공할 만한 대량 살상 물질을 만드는 것을 우려하는 것과 비슷한 것이지, '인공지능'에 국한된 문제라고 볼 수는 없다. 즉 불로 인한 '화상'이나 '화재'의 문제 때문에 '불'을 연구하고 개발하는 것을 두려워해서야 되겠는가 말이다.

인공지능 개발로 인하여 발생할 수 있는 문제들이 분명 생길 텐데, 이전처럼 이런 일들에는 보통 인간의 윤리나 가치 문제, 안전 문제 등이 사전에 개입될 것이다. 인간 종의 특성상 (혹은 대부분 종의 특성상) 종의 생존에 위협이 되는 요인들에 대해서 인간은 매우 민감하게 대처해 왔다. 거의 유전자에 그런 특성이 생득적으로 존재한다고 봐도 무방하다.

어릴 때 전자계산기가 우리가 한참 걸려서 계산해야 나오는 곱셈이나 나눗셈을 버튼 하나 누르자마자 계산해 내는 것을 보고 신기해서 한참 가지고 논 기억이 있다. 좀 좋은 계산기에는 루트나 로그 함수가 있어서 그것을 눌러보기도 했다. 확실히 싸구려 전자계산기라도 인간의 셈보다는 빠르고 정확하다. 그걸 보고 우리는 무서워하지 않는다. 자동차가 인간보다 빠르게 달려간다고 우리는 무서워하지 않는다(물론 자동차 사고는 무서운 것이고 조심해야 한다!). 인간이 하는 여러 행동과 기능들 중에 분명 기계는 인간보다 월등한 성능을 자랑할 수 있다.

인공지능에만 국한된 것이 아닌 인공 뇌(뇌가 지능뿐 아니라 감정이나 행동, 창의성, 사회성 등 다양한 정신 기능을 담당하므로)가 정말 인간의 뇌와 같아지는 세상이 온다면(인간의 뇌와 같은 뇌를 만들 수 있다는 것은 이미 인간의 뇌보다 더 뛰어난 기능을 하는 뇌도 만들 수 있다는 것이나 마찬가지다) 우리는 어떻게 해야 하나? 이런 세상이 오기 전에 미리 막아야 하나? 아니면 그대로 두고 적응하면서 살아야 하나? 아니면 어떤 제한 조치를 해야 하나?

그런 날이 정말 올 수 있을지는 모르겠지만, 분명한 것은 인간 뇌의 부분적 기능을 흉내 내는 장치들은 현재도 연구 중이고 개발되고 있으며 가까운 미래에 상용화될 것이라는 점이다. 예를 들면 시각 장애인을 위한 인공 망막 칩을 개발하기 위해 노력하는 과학자들과 공학자들이 있는데, 망막이라는 곳은 사실 뇌와 연결된 시각 뇌신경의 시작 부분에 해당된다고 할 수 있고 따라서 뇌의 한 부분을 인공물로 대체한다고 볼 수 있다.

인간의 모든 면을 뛰어 넘는 슈퍼 인간 로봇이 나올지 모르겠으나, 앞서 언급한 대로 인간은 인간이라는 종의 생존에 위협이 되는 것들에 대해서는 분명 강력하게 그리고 매우 민감하게 대응할 것이다. 그러니 미리 겁먹거나 불안해할 필요는 없다. 또한 과학 기술의 발달은 우리 마음(인간의 정보처리)과 관련해서도 더 효율적이고 건강한 방향으로 도움이 되어 줄 것으로 예상한다. 뇌 손상으로 무시증이 생기거나 기억 장애가 생기는 경우 주의나 기억 보조 장치를 통해 도움을 제공할 수 있다. 비단 환자들뿐 아니라, 어린이나 노인들, 그리고 일반인들에게도 효율적으로 인지 기능(주의, 기억, 의사 결정, 문제 해결 등)이 작동할 수 있도록 도움을 줄 수 있다.

최근 뇌 영상 기법을 통해 사람들이 생각하거나 꿈꾸고 있는 것이 무엇인지 알 수 있는 기술(일종의 독심술이다!)이 발표되면서 관심을 받고 있다(Cowen, Chun, & Kuhl, 2014). 현재는 기능적 자기공명영상(fMRI) 같은 커다란 기계에서 뇌 활동을 측정해야 하고 마음을 읽을 수 있는 영역도 한정되어 있지만, 미래 사회는 스마트폰 같이 작고 편리한 도구를 통해 수시로 자신의 뇌(마음) 신호를 측정하고 이 신호를 통해 의사소통할 시대가 올 것이다. 가령, 공부를 할 때 자신의 뇌 신호를 선생님께 보내면 시험을 볼 필요가 없을지도 모른다. 왜냐하면 그 신호에 학생이 얼마나 공부한 것을 기억하고 있는지 나타날 수 있기 때문이다.* 또한 현재의 인터넷 서비스나 SNS(Social Network

---

● 사실 최근 인지신경과학 분야의 연구들은 그 사람이 뭔가를 공부(부호화)할 때 나타나는

3부 네 마음을 알라

Service) 등에 개인의 뇌신경망 신호가 연결될지도 모르겠다.

마찬가지로, 어린이나 노약자뿐만 아니라 일반인들의 인지 기능과 정신 건강 상태를 점검해 주고 도움을 줄 수 있는 기술이나 비합리적 판단이나 위험한 행동들을 예방하고 어려운 의사 결정에 도움을 주는 시스템도 곧 등장할 것이다. 인간 마음에 대한 과학적 연구와 각종 신기술 개발은 미래 마음의 경계를 확장할 것이며, 미래의 우리 마음 역시 이에 적응할 것으로 기대한다.

이제 책을 정리할 시점이 되었다.

나는 이 책을 통해 인간의 마음을 바라보는 과학적 관점을 강조하였다. 원하는 것만 듣고 믿고 생각하는 것이 아니라, 객관적인 시각에서 우리가 알 수 있는 것과 (아직) 알 수 없는 것들을 구분하는 것이 필요하다고 독자들도 함께 느꼈기를 바란다. 또한 우리 인간도 많은 부분 스스로 의식할 수 없는 상태에서 놀라운 정보처리(주의, 기억, 의사 결정 등) 능력을 갖고 있기도 하며, 또한 의식적인 수준에서 여러 한계를 지니고 있음도

뇌 활성화 신호가 그 사람이 나중에 그것을 얼마나 잘 기억해 낼지를 예측할 수 있음을 보고하고 있다(Gabrieli et al., 1997; Kirchhoff, et al., 2000).

알게 되었으리라 생각한다. 대상과 그 주변 맥락 등을 함께 고려하고, 비교하며, 느끼고, 배우고, 기억하고, 생각하면서(의식적이든 무의식적이든), 우리 마음은 지금도 변화하는 환경에 적응하고 있다. 그 적응의 여정에, 그 생존의 여정에, 그 삶의 여정에 우연히 이 책을 읽게 되었고, 그것이 작은 행운이라 느낀다면 필자로서는 목표를 달성한 것이 아닐까 한다.

참고문헌

김경아, 김민식(2014). 정서 자극에 대한 의식 여부가 크기 지각에 미치는 영향. 한국심리학회지: 인지 및 생물, 26(4), 273-294.

김민식, 감기택 역(2008). 심리학 실험법(7판). Cengage Learning. 원저: Martin, D. W.(2008) *Doing psychology experiments* (7th ed.), Thomson Learning Inc., USA

나종인, 김민식(2013. 1). 길이 및 두께 판단에서의 선택맹. 한국인지및생물심리학회 제 50차 학술발표대회, 경주.

서은국(2014). 행복의 기원. 21세기북스. 서울.

신현정 역(2013). 심리학의 오해(10판). 혜안. 서울. 원저: Stanovich, K. E.(2012). *How to think straignt about psychology* (10ed.). Pearson.

최준혁, 김민식(2010). 위치 기억에서의 생존 처리 이득과 성차. 인지과학, 21(4), 697-723.

Anderson, B. L., & Winawer, J.(2005). Image segmentation and lightness perception. *Nature, 434(7029)*, 79-83.

Ariely, D. (2008). *Predictably irrational: The hidden forces that shape our decisions.* HarperCollins.

Balas, B., & Thomas, L. E.(2015). Competition makes observers remember faces as more aggressive. *Journal of Experimental Psychology: General, 144(4)*, 711-716.

Beilock, S. (2010). *Choke*. New York: Free Press.

Cave, K., Kim, M. S., Bichot, N. P., & Sobel, K.(2005). The Feature

Gate Model of Visual Selection. In Itti, L., Rees, G., & Tsotsos, J.(eds.), Neurobiology of Attention, Academic Press, *90*, 547–552.

Cepeda, N., Cave, K. R., Bichot, N. P., & Kim, M.-S.(1998). Spatial selection via feature–driven inhibition of distractor locations. *Perception & Psychophysics*, *60*, 727–746.

Chun, M. M.(2000). Contextual cueing of visual attention. *Trends in Cognitive Sciences*, *4*, 170–178.

Chun, M. M. and Jiang, Y.(1998). Contextual cueing: implicit learning and memory of visual context guides spatial attention. *Cognitive Psychology*, *36*, 28–71.

Conway C. M.(2012). Sequential learning. *Encyclopedia of the Sciences of Learning* (ed. Seel R. M.), New York, NY: Springer Publications, 3047–3050.

Cowen, A. S., Chun, M. M., Kuhl, B. A.(2014). Neural portraits of perception: Reconstructing face images from evoked brain activity. *NeuroImage*, *94*, 12–22.

Daltrozzo, J., & Christopher M. Conway, C. M.(2014). Neurocognitive mechanisms of statistical–sequential learning: What do event–related potentials tell us? *Frontiers in Human Neuroscience*, *8*, 437.

Damisch, L., Stoberock, B., & Mussweiler, T.(2010). Keep your fingers crossed! How superstition improves performance. *Psychological Science*, *21*, 1014–1020.

D'Argembeau, A., & Demblon, J.(2012). On the representational systems underlying prospection: Evidence from the event–cueing paradigm. *Cognition*, *125*, 160–167.

Dijksterhuis, A., Bos, M. W., van der Leij, A., & van Baaren, R. B.(2009). Predicting soccer matches after unconscious and conscious thought as a function of expertise. *Psychological Science*, *20*, 1381–1387.

Dijksterhuis, A., Bos, M. W., Nordgren, L. F., & van Baaren, R.B.(2006). On making the right choice: The deliberation-without attention effect. *Science*, *311*, 1005-1007.

Feltz, D. L., Short, S. E., & Sullivan, P. J.(2008). *Self-efficacy in sport*. Champaign, IL: Human Kinetics.

Flegal, K. E., & Michael C. Anderson, M. C.(2008). Overthinking skilled motor performance: Or why those who teach can't do. *Psychonomic Bulletin & Review*, *15* (5), 927-932.

Gabrieli, J. D. E., Brewer, J. B., Desmond, J. E., & Glover, G. H.(1997). Separate neural bases of two fundamental memory processes in the human medial temporal lobe. *Science*, *264*, 264-266.

Gazzaniga, M.(1995). Principles of human brain organization derived from split-brain studies, *Neron*, *14*, 217-228.

Gazzaniga, M.(2000). Cerebral specialization and interhemispheric communication: Does the corpus callasum enable the human condition? *Brain*, *123*, 1293-1326.

Gazzaniga, M.(2008). *Human: The science behind what makes us unique*. HarperCollins Publishers, NY, USA.

Gazzaniga, M., Ivry, R. B., & Mangun, G. (1998). *Cognitive neuroscience: The biology of the mind*. New York: Norton.

Guéguen, N., & Jacob, C.(2012), Coffee cup color and evaluation of a beverage's "warmth quality". *Color Research Application*, *39*, 79-81.

Hall, L., Johansson, P., Tarning, B., Sikström, S., & Deutgen, T.(2010). Magic at the marketplace: CB for the taste of jam and the smell of tea. *Cognition*, *117*, 54-61.

Hinds, P. (1999). The curse of expertise: The effects of expertise and debiasing methods on predictions of novice performance, *Journal of Experimental Psychology: Applied*, *5*, 205-221.

Hwang, B., & Kim, M. S.(2016). Implicit learning of a speed-contingent target feature, *Psychonomic Bulletin* & *Review*, *23*(3), 803-808.

Johansson, P., Hall, L., Sikström, S., & Olsson, A.(2005). Failure to detect mismatches between intention and outcome in a simple decision task. *Science*, *310*(5745), 116-119.

Johnson, D., & Bering, J.(2006). Hand of god, mind of man: Punishment and cognition in the evolution of cooperation. *Evolutionary Psychology*, *4*, 219-233.

Johnson, M.K., Hayes, S.M., D'Esposito, M., & Raye, C.L.(2000). Confabulation. In F. Boller, J. Grafman (Series Eds.), & L.S. Cermak (Vol. Ed.), *Handbook of neuropsychology: Vol. 2. Memory and its disorders* (2nd ed., 383-407). Amsterdam: Elsevier Science.

Johnson, M. K., & Raye, C. L.(1998). False memory and confabulation. *Trends in Cognitive Science*, *2*, 137-145.

Jostmann, N. B., Lakens, D., & Schubert, T. W.(2009). Weight as an embodiment of importance. *Psychological Science*, *9*, 1169-1174.

Kihlstrom, J. (1987). The cognitive unconscious, *Science*, *237*, 1445-1452.

Kim, M. S., & Robertson, L. C.(2001). Implicit representations of space after bilateral parietal lobe damage. *Journal of Cognitive Neuroscience*. *13*(8), 1080-1087.

Kim, S. Y., Kim, M. S., & Chun, M. M.(2005). Concurrent working memory load can reduce distraction. *Proceedings of the National Academy of Sciences*, *102*(45), 16524-16529.

Kirchhoff, B. A., Wagner, A. D., Maril, A., & Stern, C. E.(2000). Prefrontal-Temporal Circuitry for Episodic Encoding and Subsequent Memory. *Journal of Neuroscience*, *20*, 6173-6180.

Lakoff, G., Johnson, M.(1999). *Philosophy in the flesh: the embodied mind and its challenge to western thought.* New York, NY: Basic Books.

Luck, S. J., and Vogel, E. K.(1997). The capacity of visual working memory for features and conjunctions. *Nature, 390,* 279-281.

Mack, A., & Rock, I.(1998). *Inattentional blindness,* MIT Press

Marroquin, J. L.(1976). *Human visual perception of structure.* Master's thesis, MIT.

Martin, D. W.(2008) *Doing psychology experiments*(7th ed.), Thomson Learning Inc., USA.

Meck, W. H. (2003). *Functional and neural mechanisms of interval timing.* Boca Raton, FL: CRC Press

Miller, G.(1956). The Magical number seven, plus or minus two: Some limits on our capacity for processing information. *Psychological Review, 63,* 81-97.

Moran, J., & Desimone, R.(1985). Selective attention gates visual processing in the extrastriate cortex. *Science, 229,* 782-784.

Myers, D. G.(2000). The funds, friends, and faith of happy people. *American Psychologists, 13,* 89-140.

Nairne, J. S., Thompson, S. R., Pandeirada, J. N.(2007). Adaptive memory: Survival processing enhances retention. *Journal of Experimental Psychology: Learning, Memory, and Cognition, 33*(2), 263-273.

Oettingen, G., Mayer, D., & Portnow, S.(in press). Pleasure now, pain later: Positive fantasies about the future predict symptoms of depression. *Psychological Science.*

Park, S. J. Kim, M. S. & Chun, M. M.(2007). Concurrent working memory load can facilitate selective attention: Evidence for Specialized Load. *Journal of Experimental Psychology: Human Perception and Performance. 33*(5), 1062-1075.

Powers, K., Worsham, A., Freeman, J., Wheatley, T., & Heatherton, T.(2014). Social connection modulates perceptions of animacy. *Psychological Science, 25,*

1943-1948.

Reber, A. S.(1967). Implicit learning of artificial grammars. *Verbal Learning and Verbal Behavior 5*(6), 855-863.

Rensink, R. A.(2002). Change detection. *Annual Review of Psychology*, 53, 245-277.

Riener, C. R., Stefanucci, J. K., Proffitt, D. R., & Clore, G.(2011). An effect of mood on the perception of geographical slant. *Cognition and Emotion*, 25, 174-182.

Rogers, T. P., Kuiper, N. A., & Kirker, W. S.(1977). Self-reference and the encoding of personal information. *Journal of Personality and Social Psychology*, 35, 677-688.

Schneider, I. K., Rutjens, B. T., Jostmann, N. B., & Lakens, D.(2011). Weighty matters: Importance literally feels heavy. *Social Psychological and Personality Science*, 2, 474-478.

Seger, C. A. (1994). Implicit learning. *Psychological Bulletin*, 115(2), 163-196.

Shaw, J., & Porter, S.(2015). Constructing rich false memories of committing crime. Psychological science, 26(3), 291-301.

Shidlovski, D., Schul, Y., & Mayo, R.(2014). If I imagine it, then it happened: The Implicit Truth Value of imaginary representations. *Cognition*. 133(3), 517-529.

Simons, D. J., & Chabris, C. F. (1999). Gorillas in our midst: Sustained inattentional blindness for dynamic events. *Perception*, 28, 1059-1074.

Skinner, B. F. (1938). *The behavior of organisms: An experimental analysis*. Englewood Cliffs, NJ: Prentice-Hall.

Skinner, B. F. (1971). *Beyond freedom and dignity*. New York: Wiley.

Sperling, G. (1960). The information available in brief visual persentations. *Psychologiccal Monographs: General and Applied*, 74, 1-28.

Stajkovic, A. D., & Luthans, F.(1998). Self-efficacy and work related performance: A meta-analysis. *Psychological Bulletin, 124,* 240-261.

Stanovich, K. E. (2012). *How to think straight about psychology*(10 ed.). Pearson.

van Ulzen, N., Semin, G. R., Oudejans, R. R. D., & Beek, P. J.(2008). Affective stimulus properties influence size perception and the Ebbinghaus illusion. *Psychological Research, 72,* 304-310.

Wells, G.L., & Bradfield, A. L. (1998). "Good, you identified the suspect": Feedback to eyewitness distorts their reports of the witnessing experience. *Journal of Applied Psychology. 83,* 360-376.

Wilson, T. D., Lisle, D., Schooler, J., Hodges, S. D., Klaaren, K. J., & LaFleur, S. J.(1993). Introspecting about reasons can reduce post-choice satisfaction. *Personality and Social Psychology Bulletin, 19,* 331-339.